Angela Rinn

Briefe zur Taufe

Predigten in Briefform und
liturgische Bausteine

Vandenhoeck & Ruprecht

Bibliografische Information der Deutschen Nationalbibliothek:
Die Deutsche Nationalbibliothek verzeichnet diese Publikation in der
Deutschen Nationalbibliografie; detaillierte bibliografische Daten sind
im Internet über http://dnb.de abrufbar.

© 2018, Vandenhoeck & Ruprecht GmbH & Co. KG,
Theaterstraße 13, D-37073 Göttingen
Alle Rechte vorbehalten. Das Werk und seine Teile sind urheberrechtlich
geschützt. Jede Verwertung in anderen als den gesetzlich zugelassenen Fällen
bedarf der vorherigen schriftlichen Einwilligung des Verlages.

Umschlagabbildung: © Thoom/Shutterstock

Satz: SchwabScantechnik, Göttingen
Druck und Bindung: ⊕ Hubert & Co. BuchPartner, Göttingen
Printed in the EU

Vandenhoeck & Ruprecht Verlage | www.vandenhoeck-ruprecht-verlage.com

ISBN 978-3-525-61622-2

Inhalt

Warum Taufbriefe? 7

1 Rund um die Taufe 9

2 Wie schreibe ich einen Taufbrief? 13

3 Taufbriefe, die auf ein Thema bezogen sind 17
   Atem des Lebens | 1. Mose 28,15 18
   Barmherzigkeit | Ps 27,1 20
   Baum | Ps 52,10 22
   Begabt und berufen | 1. Joh 4,16 24
   Dankbarkeit | Ps 91,11 26
   Entscheidung | 1. Joh 4,16 | Konfirmandentaufe 28
   Familie | Eph 2,19 30
   Geliebt | Ps 23 32
   Gerechtigkeit | Spr 31,8 | Konfirmandentaufe 34
   Geschenk | Ps 139,5 36
   Gott als Trainer | Ps 91,11 38
   Herz | Ps 51,12 | Konfirmanden-/Erwachsenentaufe 40
   Himmel | Ps 91,11–12 42
   Himmelfahrt | Eph 1,18 44
   Hirte (Miserikordias Domini) | 2. Mose 23,20 46
   Komposition und Musik | Ps 18,33 48
   Kraft, Liebe und Besonnenheit, Ritter und Wappen | 2. Tim 1,7 .. 50
   Lebenswende | Ps 91,11 | Erwachsenentaufe 52
   Licht (Epiphanias) | Joh 8,12 54
   Licht des Lebens | Spr 4,18 56
   Medizin zum Leben | Ps 27,1 58
   Musik | Jes 66,13 60
   Quelle des Lebens | 1. Joh 4,16 62
   Reformation (Reformationstag) | 1. Kor 16,14 64
   Schatzsuche | Ps 103,2 66
   Schlüssel zum Glück | Ps 91,11–12 68
   Sorge dich nicht! (15. Sonntag nach Trinitatis) | Joh 14,19 70
   Stärke und Teamwork | Jer 9,22–23 72
   Strahlen | Jes 60,1 74

Warten (Advent) | 1. Joh 3,18	76
Wasser | Ps 8,4–6	78
Weiße Kleider (Ostern) | 2. Tim 1,7	80
Wissenschaft und Glaube | Ps 25,4–5 | Konfirmandentaufe	82
Wünsche | Spr 2,10–11	84
Zauber und Lächeln | Jes 9,2	86

4 Taufbriefe, die auf ein Bibelwort bezogen sind … 89

1. Mose 8,22 | Versprechen	90
4. Mose 6,24–26 | Segen	92
Ps 23,1 | Hirte (Misericordias Domini)	94
Ps 27,1 | Mut	96
Ps 27,1 | Mut	98
Ps 49,4 | Weisheit	100
Ps 91,11 | Unter Gottes Schutz	102
Ps 139,5 | Umgeben von Gottes Liebe	104
Jes 61,10 | Ein neues Kleid	106
Jer 9,22–23 | Weisheit	108
Hos 14,10 | Lebensweg	110
Mt 5,6 | Gerechtigkeit	112
Mk 9,23 | Zaubern	114
Lk 11,9–10 | Bitten	116
Joh 8,12 | Licht des Lebens	118
Röm 8,38–39 | Gottes Liebe bleibt	120
Röm 8,38–39 | Zu Christus gehören	122

5 Liturgische Bausteine … 125

Liturgie eines Taufgottesdienstes im Sonntagsgottesdienst	126
Liturgie eines separaten Taufgottesdienstes (mit mehreren Taufen)	127
Taufen im Kirchenjahr	130
Taufe im Advent	130
Taufe an Weihnachten und in der Epiphaniaszeit	131
Taufe in der Passionszeit und am Ende des Kirchenjahres	133
Taufe an Ostern und in der Osterzeit	134
Taufe an Pfingsten	135
Taufe an Trinitatis, in der Trinitatiszeit, am Erntedankfest oder Reformationsfest	137
Gebet vor dem Entzünden der Taufkerze	139

Bibelstellenregister … 140

Code für Download-Material … 141

Warum Taufbriefe?

Seit 25 Jahren schreiben wir in der Kirchengemeinde Mainz-Gonsenheim Taufbriefe an Kinder, Jugendliche und Erwachsene. Damit machen wir beste Erfahrungen. Viele Gemeinden haben sich inzwischen inspirieren lassen und die schöne Sitte der Taufbriefe erfolgreich aufgenommen.

Ein Taufbrief ist etwas Besonderes. In einer Zeit von E-Mails, WhatsApp, Twitter-Botschaften und SMS ist ein persönlicher Brief ein Zeichen von Wertschätzung.

Briefe haben einen besonderen Zauber. Wer einen Brief schreibt – womöglich auch noch handschriftlich! – hat sich Zeit genommen, sich Gedanken gemacht, diese in Worte gefasst und zu Papier gebracht. Das kostet Mühe und ist nicht selbstverständlich. Menschen spüren sofort, dass ihnen mit einem solchen Brief ein Geschenk überreicht wird. Die Familien bewahren ihre Taufbriefe deshalb sorgfältig auf, viele kopieren sie und geben sie an den Familien- und Freundeskreis weiter. Zu Beginn der Konfirmandenzeit kommen manchmal Jugendliche und zeigen ihre Briefe: »Den haben Sie bei meiner Taufe an mich geschrieben!« So wirken die Briefe noch nach Jahren weiter – sie sind im besten Sinne nachhaltig.

Sobald ich im Gottesdienst beginne, den Brief an den Täufling zu verlesen, ist die Gemeinde ganz Ohr. Die Taufgesellschaft interessiert sich, weil sie persönlich angesprochen wird. Darüber hinaus hat es für alle einen besonderen Reiz, einen Brief zu hören oder zu lesen, der einem anderen Menschen gehört. Wir Menschen sind neugierige Wesen, und ein Brief, der eigentlich nicht an uns gerichtet ist, weckt automatisch unsere Aufmerksamkeit. Der inszenierte Bruch des Briefgeheimnisses beim Verlesen des Taufbriefes ist deshalb spannend für die Gemeinde.

Der Vorteil von Taufbriefen im Gottesdienst besteht auch darin, dass sie nicht in Konkurrenz zur Sonntagspredigt stehen. Viele Pfarrerinnen und Pfarrer vermeiden inzwischen Taufansprachen und integrieren in Gottesdiensten mit Taufe Gedanken zur Taufe in die Predigt. Wenn jedoch in der Gemeinde viele Taufen gefeiert werden, kann dies zu Wiederholungen und zu einer Ermüdung führen. Außerdem wird der Bezug zur Taufe nicht jedem Predigttext gerecht. Taufbriefe entlasten daher den Gottesdienst und die Predigerinnen und Prediger.

Dieses Buch möchte eine Hilfe für Pfarrerinnen und Pastoren, aber auch für Eltern, Großeltern oder Patinnen und Paten sein, die gern einen Brief anlässlich einer Taufe schreiben wollen. Es ist nicht Pastorinnen und Pfarrern vorbehalten, einen Taufbrief zu verfassen. Jeder ist dazu eingeladen! Ich wünsche mir, dass viele Menschen Lust daran gewinnen, Taufbriefe zu schreiben und dass viele Täuflinge Freude an ihren persönlichen Taufbriefen haben. Zur individuellen Anpassung und Gestaltung stehen die Taufbriefe zum Download bereit.

Neben ausformulierten Taufbriefen, die als Vorschläge dienen wollen, bietet dieses Buch Ideen für vieles, was rund um die Taufe wichtig werden kann: Anregungen für das Taufgespräch im Vorfeld der Taufe, Beispiele für die Gestaltung der Taufbriefe, Hinweise zur Einladung an die Taufgesellschaft, Anmerkungen zur Taufkerze und zu einem Erinnerungsalbum, das man selbst gestalten kann. Liturgische Bausteine und Liedvorschläge sowie eine Liste geeigneter Taufsprüche ergänzen das Buch.

Mein Dank gilt dem Pfarrer aus Bad Münster am Stein-Ebernburg, in dessen Gottesdienst ich vor über 20 Jahren zum ersten Mal einen Taufbrief gehört habe und der mich so zur guten und segensreichen Sitte der Taufbriefe angeregt hat.

1 Rund um die Taufe

Taufgespräch | Taufspruch | Beteiligung der Familie | Taufkerze | Tipps zur Gestaltung der Einladung | Erinnerungsalbum

Wer einen Brief schreibt, sollte den Adressaten ein wenig kennenlernen. Die Gelegenheit dazu bietet das Taufgespräch. Mich als Pfarrerin interessiert dabei auch die Umgebung, in der der Täufling lebt. Daher biete ich in der Regel einen Hausbesuch an.

Bei der Taufe eines Babys, Kleinkindes oder Jugendlichen frage ich gern, ob auch Großeltern, Patinnen und Paten oder andere Menschen, die der Familie wichtig sind und die bei der Taufe dabei sein werden, zum Gespräch dazu kommen dürfen und wollen. Alle haben ihre Geschichte mit dem Kind und etwas über das Kind oder den Jugendlichen zu erzählen. Meist wird das Gespräch sehr lebendig und vielfältig und Themen kristallisieren sich heraus, die bei der Auswahl des Taufspruchs helfen können. Schon kleine Babys haben ihre eigene Persönlichkeit. Manche ruhen von Geburt an in sich, andere sind etwas ängstlich, wieder andere kleine Abenteurer, die alles neugierig erkunden wollen. Ich frage nach und interessiere mich für den Täufling und seine nächsten Menschen. Schnell wird klar, ob sich die Familie einen Taufspruch wünscht, der Schutz und Segen verspricht, oder einen, der auf seine ganz eigene Persönlichkeit eingeht und so Ermutigung für den Täufling bedeutet.

Meine Eindrücke im Gespräch lassen Bilder in meinem Kopf entstehen. Was passt zu diesem Menschen, der getauft werden soll, was zu seiner Familie? Zu einer bunten Gesellschaft, die viele Facetten aufweist, kann mir das Bild des Regenbogens einfallen (1. Mose 9,13), bei einer Familie, die schon viel Schweres und Schönes miteinander geteilt hat, das Bild des guten Hirten, der durch grüne Aue und finsteres Tal geleitet (Psalm 23). Ein ängstlicher kleiner Mensch kann dadurch ermutigt werden, dass Gott nicht den Geist der Furcht, sondern der Kraft und der Liebe und der Besonnenheit schenkt (2. Timotheus 1,7), und abenteuerlustige Draufgänger können sich durch den Gedanken bestärkt fühlen, dass sie mit ihrem Gott über Mauern springen können (Psalm 18,30).

Idealerweise schlage ich der Familie – sofern diese nicht schon vorher ein Bibelwort ausgewählt hat – einen Taufspruch vor und erläutere meine Wahl. Alternativ biete ich an, zeitnah Sprüche zur Auswahl zu mailen oder ich teile mit den Menschen meine Eindrücke, um sie anzuregen, selbst in der Bibel nach einem passenden Bibelspruch zu suchen. Manche Tauffamilien kennen sich sehr gut in der Bibel aus und können selbstständig auf die Suche gehen, andere nutzen das Netz. Fündig wird man beispielsweise auf www.taufspruch.de, einer Webseite von evangelisch.de und der Evangelisch-Lutherischen Kirche in Bayern, auf der man in drei Schritten den passenden Bibelvers zur Taufe finden kann. Es ist sinnvoll, sich auf eine Übersetzung zu einigen oder zu verabreden, die Auswahl des Spruchs im Blick auf die Übersetzung zu klären. Manche Übersetzungen sind sehr fern vom Ursprungstext oder völlig aus dem Kontext gerissen.

Beim Taufgespräch wird auch deutlich, wie kirchenverbunden die Taufgesellschaft ist. Wissen die Menschen, wie ein Gottesdienst abläuft? Ich biete Informationen und helfe ihnen, sich zu orientieren. Gibt es Taufgäste, die Schwierigkeiten damit haben, einen Gottesdienst mitzufeiern? Im Gespräch kann ich klären, wie ich diese einbinden kann, ohne sie zu überfordern oder zu überfahren. Ich respektiere andere Glaubensformen, erwarte aber auch Respekt vor dem christlichen Gottesdienst, den ich mit der Gemeinde feiere. Ein ehrliches Wort ist hier meist klärend und hilfreich.

Fast alle Familien sind gern bereit, sich im Gottesdienst zu beteiligen. Ein passender Ort ist das Fürbittgebet nach der Taufe. Die meisten Menschen kommen hier allein zurecht. Nach Wunsch gebe ich Tipps und Vorlagen oder biete an, die Gebete vorab anzuschauen. Schön ist es, wenn Gebete das Bild oder die Botschaft des Taufspruchs aufnehmen und so die Taufe einen roten Faden hat.

Musikalische Beiträge der Taufgesellschaft sollten mit dem Kirchenmusiker oder der Kirchenmusikerin abgesprochen werden.

Gern nehmen die Familien auch Vorschläge zu Einladungsschreiben an die Gäste entgegen. Ich rege an, die Einladung im selben DIN-Format wie den Taufbrief zu planen und ein Blatt beizulegen, auf dem Segensbitten oder Wünsche für den Täufling notiert werden können. Ideal ist es, wenn dieses Blatt eine besondere Papierqualität hat. Büttenpapier wirkt edel, ein aufgedruckter Rahmen vermittelt bei einer späteren Bindung Einheitlichkeit. Auf solche Blätter können auch Erinnerungsfotos aufgeklebt werden. Im Anschluss an das Fest können Taufbrief, Fotos, Segensbitten und Wünsche zu einem Erinnerungsalbum gebunden werden.

In unserer Kirchengemeinde sind – wie in vielen anderen – Taufkerzen üblich. Wir halten Kerzen als Geschenk der Gemeinde vor, meistens möchten jedoch Großeltern oder Patinnen und Paten die Kerze mit Namenszug und Taufdatum schenken. Viele gestalten sie selbst. Auf einer individuell angefertigten Kerze können das Motiv der Taufe, Bibelspruch und Taufdatum stehen.

Eine meist auf positive Resonanz stoßende Idee ist es, Familie und Patinnen und Paten zu Jahrestagen der Taufe einzuladen. Dann kann die Taufkerze auf dem Kaffeetisch brennen und im Erinnerungsalbum geblättert werden.

2 Wie schreibe ich einen Taufbrief?

Ein Taufbrief ist ein Brief und hat die entsprechende Form mit Anrede und Gruß. Wer sich Gedanken über den Täufling macht und diese in Bezug zum Taufspruch setzt, kann eigentlich nichts falsch machen und buchstäblich in seinem Brief von Gott und der Welt reden. Die folgenden Hinweise sind daher als Anregungen zu verstehen, nicht als Muss.

Briefe können sowohl ausführlich als auch kurz sein. Bei Taufbriefen, die im Gottesdienst vorgelesen werden, sollte die Würze in der Kürze liegen. Ich empfehle, sich so zu beschränken, dass die Verlesung höchstens vier Minuten dauert. Auch in einem Taufbrief muss nicht alles gesagt werden, er darf sich auf ein zentrales Bild konzentrieren. Weniger ist hier meist mehr und eindrücklicher als eine verwirrende Vielfalt von Gedanken.

Jeder Mensch freut sich, wenn er wahrgenommen wird. Schreiben Sie, was Sie bewegt, wenn Sie an den Täufling und den Taufspruch denken. Das macht die Zuhörenden neugierig. Außerdem werden viele ihrer persönlichen Gedanken überraschend und dadurch interessant sein. Gern können Sie schildern, was Ihnen am Glauben wichtig ist. Vielleicht haben Sie selbst Erfahrungen mit dem Taufspruch gemacht, von denen Sie im Taufbrief kurz erzählen können. Möglicherweise gibt es Geschichten, die erzählend die Botschaft des Taufspruchs entfalten. Diese können – wenn sie nicht allzu ausführlich sind – in den Taufbrief eingefügt werden.

Scheuen Sie sich nicht, auch schwierige Facetten anzusprechen. Ein in rosaroten Zuckerguss getauchter Brief ist garantiert langweilig. Die Taufe selbst ist schließlich ein ambivalentes Geschehen. Das Sakrament der Taufe lotet Leben und Tod aus. Wasser ist lebensnotwendig und lebensgefährdend, der Täufling wird (zumindest symbolisch) untergetaucht und rettend aus dem Wasser gezogen.

Durch die Taufe wechseln die Herrschaftsbereiche. Der Täufling wird auf den Namen des Vaters, des Sohnes und des Heiligen Geistes getauft und gehört damit nicht mehr sich oder seiner Familie, sondern Gott. Diese Zusage gilt lebenslang und darüber hinaus. Es ist übrigens sehr spannend, diese Hintergründe im Taufgespräch mit einer Tauffamilie zu diskutieren.

Weil Taufe als Sakrament Ambivalenz widerspiegelt, können auch Irr- und Umwege des Lebens, dunkle Zeiten, falsche Entscheidungen oder Traurigkeiten im Taufbrief benannt werden. Diese Gedanken vertiefen die Botschaft des Taufbriefes. Ältere Kinder, Jugendliche und Erwachsene haben bereits die Erfahrung gemacht, dass das Leben kein reines Zuckerschlecken ist. Ihr Taufbrief wirkt ehrlich, wenn er diesen Aspekt nicht ausspart. Die ermutigenden Sätze dürfen aber gern überwiegen. Von erhobenen Zeigefingern ist jedoch abzuraten. Niemand lässt sich gern belehren.

Manche Menschen sind unsicher, wie sie einen Taufbrief an ein Baby oder Kleinkind schreiben sollen. Es versteht den Brief ja noch gar nicht. Ich denke beim Schreiben an ein Kind im Grundschulalter. Grundschulkinder haben schon viel erlebt, wunderschöne Tage genauso wie traurige Zeiten. Kinder wissen, wie schlimm es sein kann, wenn eine Freundin wegzieht oder man beim Streit um das Förmchen im Sandkasten unterlegen ist. Sie wissen, wie aufregend es ist, in einer fremden Umgebung bestehen zu können und haben Siege und Niederlagen kennengelernt. Kinder haben in der Regel ein intuitives Verständnis für und Interesse an theologischen Fragestellungen. Ich stelle mir vor, dass das Taufkind später, wenn es lesen lernt, auch seinen eigenen Taufbrief liest und sich damit auseinandersetzt. Für mich besteht die Herausforderung darin, theologische Gedanken in einfache und verständliche Sprache zu fassen. Ich weiß, dass man selbst tiefe Gedanken verständlich ausdrücken kann. Gerade so macht es auch Erwachsenen Freude, die an Kinder gerichteten Taufbriefe zu lesen oder zu hören.

Taufbriefe an Jugendliche und Erwachsene wenden sich sprachlich direkt an die jeweilige Person und versuchen, eine für sie verständliche und interessante Sprache zu finden.

Wir feiern an Sonntagen manchmal mehrere Taufen im Gottesdienst. Es wäre ermüdend, wenn die Gemeinde vier verschiedene

Taufbriefe hören müsste. Auch für die Tauffamilien ist das dann nicht mehr spannend. Wir lösen das schöne Problem so, dass bei Taufen mit mehreren Kindern der Taufbrief das liturgische Thema des Sonntags aufgreift, also z. B. »Advent«, »Ostern«, »Barmherzigkeit« oder »Pfingsten«. In den Briefen werden der Name und der Taufspruch des Täuflings eingefügt. Der Inhalt der Briefe ist identisch und wirkt trotzdem persönlich dank der persönlichen Anrede und des Taufspruchs. Beispiele hierfür sind in Kapitel 4 aufgenommen.

Bei vielen Taufanmeldungen gibt es auch die Möglichkeit, einen separaten Taufgottesdienst zu feiern. Die anwesenden Taufgäste bilden dann eine Gemeinde.

3 Taufbriefe, die auf ein Thema bezogen sind

Atem des Lebens | 1. Mose 28,15

Lieber Elias,

ich möchte Dir ein Geheimnis verraten, das mir selbst von einem weisen alten Mann anvertraut worden ist. Er hat mir verraten: Gott ist Dir viel näher, als Du denkst. Er verbirgt sich in jedem Deiner Atemzüge. Lege doch einfach einmal Deine Hände auf Deinen Bauch und staune darüber, wie selbstverständlich Dein Atem Deinen Körper durchströmt, wie sich Dein Bauch hebt und senkt, ohne dass Du etwas dafür tun musst. Die Bibel erzählt, dass Gott den Menschen seinen Atem einhaucht. Ich finde es eine wunderschöne Vorstellung, dass Gottes Atem Dich und mich bewegt. So nah kommt Gott uns, wie unser eigener Atem, und doch haben wir ihn nicht im Griff, können nur staunen über seine fremde Kraft. Das Geheimnis Gottes ist uns ganz nah, bei jedem Atemzug, und auf der anderen Seite unverfügbar. Du lernst Gott kennen in den Geschichten und Worten der Bibel, und doch weißt Du, dass wir Menschen Gott nie fassen können.

Achte auf Deinen Atem, Elias! Manchmal wird Dir der Atem stocken vor Schreck über diese Welt, vor Angst. Manchmal wird Dir Dein Atem vor Deinem Verstand zeigen, dass Du Dich nicht wohlfühlst, er wird eng und gepresst. Dann wieder wirst Du frei und tief einatmen können, voller Glück und Freude. Er sagt Dir viel, Dein Atem, wenn Du auf ihn hörst, so wie Gott Dir viel sagt, wenn Du Dir Zeit nimmst, ihm zu lauschen.

Der weise Mann hat mir erzählt, für ihn sei jeder Atemzug wie der Name Gottes. Man könnte auch in anderen Religionen den Namen Gottes so übersetzen: als Hauch, als Atem – so, dass alle Menschen, ihr Leben lang, von ihrem ersten bis zu ihrem letzten Atemzug Gott anrufen, seinen Namen beten. Dann wäre Dein erster Atemzug, Dein erster Schrei, ein Gebet gewesen, und bis zu Deinem letzten Atemzug wirst Du Dein Leben atmen in und hinein in Gottes unfassbare Wirklichkeit.

Dein Leben lang begleitet Gott Dich, mit jedem Atemzug. Mit diesem göttlichen Atem ist auch Dein Taufspruch gesprochen. Er steht im 1. Buch Mose und ist ein Geschenk für Dich von Gott.

> Und siehe, ich bin mit Dir und will dich behüten, wo Du hinziehst.
> 1. Mose 28,15

Es grüßt Dich Deine Pfarrerin

Barmherzigkeit | Ps 27,1

Liebe Lisa,

wir Menschen haben eine wunderbare Fähigkeit, die Gott uns ins Herz gelegt hat: Wir können uns erbarmen. Ich weiß nicht, ob Tiere sich erbarmen können. Gehört habe ich schon davon, dass verwaiste Tierkinder von fremden Artgenossen aufgenommen werden – aber selbstverständlich ist das gewiss nicht. Leider gilt das auch für Menschen, obwohl ich glaube, dass alle in ihren Herzen diese Begabung zur Barmherzigkeit haben. Wenn Du die Zeitung liest oder im Fernsehen die Nachrichten siehst, dann kannst Du Dich schon oft fragen, warum Menschen so unbarmherzig miteinander umgehen. Verhärten sie ihre Herzen? Haben sie es verlernt, ihr Herz für die Not eines anderen Menschen zu öffnen? Oder hat ihnen niemand erzählt, dass das Leben erst warm und geborgen und schön wird, wenn man sich erbarmt? Denn im Grunde sind wir alle unser Leben lang auf Barmherzigkeit angewiesen. Das fängt mit unserem ersten Schrei nach der Geburt an. Stell Dir vor, den hätte keiner gehört! Wie gut, dass Deine Eltern Dich sofort in den Arm genommen, Dich gestreichelt und liebkost haben.

Als Kleinkind freust Du Dich darüber, dass Deine Eltern sich Zeit für Dich nehmen, mit Dir die Sandburg bauen, die Du allein nicht hinbekommst und zum 1001. Mal geduldig den Schnuller aufheben, den Du auf den Boden geschleudert hast. Später werden sie Dir bei den Hausaufgaben helfen und Dich bei Deinem ersten Liebeskummer trösten. Und wenn Du einmal krank bist, dann wirst Du – auch als erwachsener Mensch – merken, wie gut es tut, gepflegt und umsorgt zu werden. Barmherzigkeit brauchen wir von der Wiege bis in unser Alter hinein, sie ist lebenswichtig. Und sie verbindet Menschen. Denn Barmherzigkeit wirkt über die Grenzen einer Familie, einer Stadt und sogar eines Volkes hinaus. Es ist ein ganz wichtiges Geschenk, das Gott uns ins Herz gelegt hat. Ich glaube, er hat es uns gegeben, weil er uns so daran erinnert, dass er sich zuerst über uns erbarmt hat. Die Wärme, die wir einander schenken, wenn wir mitfühlend sind, die spiegelt etwas von Gottes Wärme und Liebe in die Welt zurück.

Deshalb wünsche ich mir, dass Du zu einem Menschen heranwächst, der weiß, welch schönes Geschenk Gottes Du im Herzen trägst. Dein Taufspruch erinnert Dich daran. Deine Eltern haben ihn für Dich ausgesucht, er steht in Psalm 27.

> Der HERR ist mein Licht und mein Heil;
> vor wem sollte ich mich fürchten?
> Psalm 27,1

Besser kann man es nicht auf den Punkt bringen. Und wenn Du so liebst und lebst, dann wirst Du viel göttliches Licht und göttliche Wärme in die Welt tragen. Und das wird auch Dir guttun.

Deine Pfarrerin

Lieber Viktor,

Deine Eltern haben ein Psalmwort als Taufspruch für Dich ausgesucht

> Ich aber werde bleiben wie ein grünender
> Ölbaum im Hause Gottes; ich verlasse mich
> auf Gottes Güte immer und ewig.
> Psalm 52,10

Der Olivenbaum ist schon seit Menschengedenken Symbol für Frieden und bedeutet neues Leben und Hoffnung. Ein Olivenblatt im Schnabel der Taube zeigte Noah an, dass die Sintflut vorbei war. Auch Du bist ein Zeichen der Hoffnung, ein Kind der Liebe, erwünscht, erwartet. Mit Dir hat Gott Deinen Eltern und uns allen viel geschenkt.

Der Olivenbaum ist immer grün, das ganze Jahr über. Und ich wünsche Dir, dass auch Du in Deinem ganzen Leben so lebendig bist. Ein Mensch, der in sich die Kraft der Liebe Gottes spürt und der deshalb nie vertrocknet, sondern im Sommer wie im Winter grünt und viele Früchte hervorbringt. Denn das ist das Schöne am Ölbaum: Er sieht nicht nur dekorativ aus, er ist auch sein Leben lang ein Segen für die Menschen, denn bis ins hohe Alter trägt er Früchte. Aus Oliven wird kostbares Öl gewonnen, das zur täglichen Nahrung, in biblischer Zeit aber auch zur Salbung von Königen, Priestern und Kranken, diente. Der Olivenbaum ist eben ein besonderer Baum, so wie Du ein einzigartiger Mensch bist.

Kein Wunder, dass in einer alten Fabel von der Königswahl der Bäume der Ölbaum der erste war, den die anderen Bäume zu ihrem König machen wollten. Doch der kluge Ölbaum lehnte ab, denn er wollte lieber für Gott und die Menschen da sein, als über die Bäumen zu herrschen. Ich wünsche Dir diese Weisheit des Olivenbaums, Viktor, auf dass Du Deine Begabungen erkennst und lebst, zum Nutzen Gottes und der Menschen. Du wirst dadurch viel für Dich und andere gewinnen.

Olivenbäume leben sehr lange, manche sind schon über 1000 Jahre alt. Das liegt daran, dass sie sich Zeit beim Wachsen lassen und sich gut im Boden verwurzeln. Mit Deiner Taufe hat Gott Dich sozusagen in seinem Garten angepflanzt. Du darfst Dir Zeit lassen, musst Dich nicht durch Dein Leben hetzen, sondern kannst sorgfältig auswählen, was gut für Dich ist. So wirst Du zwar nicht 1000 Jahre alt werden, aber mit Sicherheit ein interessantes und erfülltes Leben haben.

Wohin auch immer Dein Lebensweg Dich führen mag: Auf Gottes Güte kannst Du Dich immer verlassen.

Deine Pfarrerin

Begabt und berufen | 1. Joh 4,16

Lieber Otto,

Die Bibel erzählt davon, dass Gott Menschen beruft. Er traut ihnen viel zu. Sie sollen anderen Menschen von seiner Liebe erzählen.

Heute wendet sich Gott Dir zu, lieber Otto. Er hat Großes mit Dir vor. Er weiß, dass Du ein wichtiger Mensch für ihn sein kannst. »Wie das?«, könnte da so mancher einwenden: »Otto ist doch noch ein kleines Kind. Was kann ein Kind schon ausrichten?« Doch Gott sieht weiter als wir Menschen. Er erkennt Deine Begabungen, Otto, er weiß, was in Dir steckt. Schließlich hat er Dich so geschaffen, wie Du bist. Mit Deinen Stärken und Schwächen, mit Deiner Freude und Deiner Traurigkeit, mit Deiner Liebe, mit Deinen Kräften. Und gerade so, wie Du bist, bist Du von Gott gewollt und begabt.

Deine Familie weiß, was Du schon alles kannst. Sie können stundenlang davon erzählen, was für ein großer Schatz Du für sie bist. Ein Schatz kannst Du im Namen Gottes auch für andere Menschen werden. Zu Deinem Wohl und zum Besten Deiner Umgebung. Du kannst, auch schon als kleines Kind, ein Segen für andere Menschen sein.

Heute, bei Deiner Taufe, verspricht Gott Dir, dass er mit Dir Deinen Lebensweg geht. Und er wünscht sich, dass Du auf Deinem Lebensweg ein offenes Ohr für ihn behältst und bei ihm bleibst. Er wünscht sich, dass Du nicht nur um Dich kreist (das wäre langweilig und außerdem recht einsam), sondern für Dich und zum Wohl anderer Menschen lebst.

Das wünschen sich auch Deine Eltern. Und sie haben Dir als Hilfe Deinen Taufspruch mitgegeben. Er steht im 1. Johannesbrief:

Gott ist Liebe; und wer in der Liebe bleibt,
der bleibt in Gott und Gott in ihm.

1. Johannes 4,16

Lieber Otto, Gottes Liebe zu Dir ist unendlich. Das verspricht er Dir heute bei Deiner Taufe. Und wenn Du Dich umschaust, dann wirst Du neben Dir andere Menschen entdecken, die Gott ebenfalls unendlich liebt. Sie brauchen Dich und Du brauchst sie. Ich wünsche mir, dass Du das in Deinem Leben entdeckst. Und ich wünsche mir, dass Du dabei immer die Stimme Gottes wahrnimmst, die Dir sagt: Ich bin die Liebe, und wenn Du in der Liebe bleibst, dann bleibst Du in mir und ich in Dir. Gerade so wirst Du ein gesegneter Mensch sein.

Deine Pfarrerin

Dankbarkeit | Ps 91,11

Liebe Anna,

sicher kennst Du von Deiner Mutter die Frage: »Was sagt man?!«, wenn Du etwas geschenkt bekommen hast und schon dabei bist, das Geschenkpapier aufzureißen, ohne an das berühmte Wort mit den fünf Buchstaben zu denken. »Danke!«, sagt jedes gut erzogene Kind, das ist doch klar.

Aber Dankbarkeit ist mehr als nur ein höfliches kleines Wort. Es ist ein großes Lebensgeheimnis! Vielleicht hast Du schon einmal gemerkt, dass Dankbarkeit gar nicht so selbstverständlich ist. Das spürst Du dann, wenn Du etwas auspackst, das Dir gar nicht gefällt. Der Dir etwas geschenkt hat, wartet auf ein Lächeln und Du bist einfach nur enttäuscht. Dann kommt Dein »Danke« nicht sehr überzeugend über Deine Lippen. Umgekehrt tut es ganz schön weh, wenn Du Dir für einen Freund etwas liebevoll überlegt hast und der freut sich nicht und zeigt sich Dir gegenüber überhaupt nicht dankbar.

Du siehst, sie ist wirklich geheimnisvoll, die Sache mit der Dankbarkeit. Deine Mutter kann Dich zwar ermahnen, Danke zu sagen, das Gefühl der Dankbarkeit kann jedoch kein Mensch erzwingen. Es ist ein Geschenk. Wenn Dir dieses Gefühl geschenkt ist, dann geschieht etwas Wunderbares: Du bist nicht allein. Deine Dankbarkeit verbindet Dich mit den Menschen, die Dich beschenken, mit Deiner Familie, mit Deinen Freundinnen und Freunden. Wenn Du noch tiefer denkst und glaubst, dann verbindet Deine Dankbarkeit Dich mit Gott. Ihm verdankst Du Dein ganzes Leben. Er hat Dich, so wie Du bist, mit Deinen Augen und Deinem Mund, mit Deinem starken Willen, Deinem Lächeln und Deinen zornigen Momenten gewollt. Er liebt Dich und hat Dich Dir und uns geschenkt.

Gott wartet, wie jeder, der sich ein schönes Geschenk ausgedacht hat, auf ein Zeichen der Freude über dieses Geschenk, das Du bist. Gott möchte nicht lediglich ein kleines Wort von Dir, er wünscht sich, dass Du ihm von Herzen dankbar bist. Das kann selbst Gott nicht erzwingen. Auch er muss warten, ob Du diese Dankbarkeit spürst und bezeugst. Deine Eltern sind Gott dankbar, dass es Dich gibt, deshalb bringen sie Dich zur Taufe. Sie haben, sozusagen gemeinsam mit Gott, ein besonderes Geschenk für Dich ausgesucht. Es ist Dein Taufspruch. Ein Wort, wie in Geschenkpapier eingewickelt in ein großes Buch, die Bibel. Es ist ein Wort, das Dir von Gott und seinen Gedanken über Dich erzählen will. Es steht im Buch der Psalmen:

Denn er hat seinen Engeln befohlen, dass sie
Dich behüten auf allen Deinen Wegen.
Psalm 91,11

Wenn Du über dieses Wort nachdenkst, wirst Du viel von Gott verstehen. Ich hoffe, Du wirst ihm dann dankbar sein für den Weg, den er mit Dir geht. An dem Tag, an dem Du Deine Dankbarkeit entdeckst, da sagst Du »Ja« zu Deiner Taufe. Es wird ein glücklicher Tag sein, das verspreche ich Dir. Denn Gott und Du, ihr habt dann beide Grund zur Freude und zum Strahlen. An diesem Tag hast Du viel vom Geheimnis der Welt verstanden – und das wird Dich, nicht nur an diesem Tag, sehr glücklich machen.

Das verspricht Dir Deine Pfarrerin

Lieber Kolja,

es gibt unwichtige und es gibt wichtige Entscheidungen im Leben. Es ist relativ unwichtig, ob Du Dir einen Joghurt mit Erdbeer- oder mit Kirschgeschmack aus dem Kühlschrank holst. Es ist schon wesentlich wichtiger, welche Schule Du für Dich aussuchst. Unwichtig dagegen ist, mit welcher Straßenbahnlinie Du zur Schule kommst. Ganz wichtig ist es, ob Du eine gute Hand bei der Wahl Deiner Freunde hast, und weniger wichtig, welchen Film ihr am Samstag im Kino seht.

Und dann gibt es natürlich noch die Entscheidungen, von denen wir im Vorhinein nicht genau wissen, welche Auswirkungen sie haben werden, und im Nachhinein erstaunt sind, wie wichtig sie für uns geworden sind. Es scheint z. B. völlig belanglos zu sein, dass Du an einem bestimmten Tag zu der Party einer Freundin gehst. Doch diese Party wird ungeheuer wichtig, wenn Du dabei einen Menschen triffst, der für Dich eine besondere Bedeutung gewinnt.

Heute triffst Du eine lebenswichtige Entscheidung. Du entscheidest Dich für Gott. Die Entscheidung für ihn ist auch deshalb so bedeutungsvoll, weil Du sie weder wiederholen noch zurücknehmen kannst. Du kannst Dich nicht »enttaufen« lassen. Deine Taufe gehört Dir Dein ganzes Leben.

Zugleich wirst Du heute noch nicht ganz überschauen können, welche Auswirkungen Deine Taufe hat. Du weißt ja gar nicht, was das Leben an überraschenden und aufregenden Erlebnissen für Dich bereithält. Du weißt heute noch nicht, an welchen Tagen Du denken wirst: Heute wünsche ich mir, dass Gott mir ganz nahe ist. Der einzige, der da den Überblick hat, ist Gott selbst. Und er verspricht Dir heute mit Deiner Taufe: Was auch immer auf Dich zukommt, welche Entscheidungen auch immer Du treffen wirst, er lässt Dich nicht fallen und verlässt Dich nicht, er bleibt an Deiner Seite. Und oft genug wird er Dich auch tragen in Deinem Leben.

Lieber Kolja, die Entscheidung für Gott ist die wichtigste Entscheidung im Leben. Denn mit diesem Gott an Deiner Seite wirst Du alles, was Dir im Leben begegnet, meistern – die schönen und die schwierigen Herausforderungen. Gott erträgt es sogar, wenn Du manchmal Zweifel haben solltest, ob es richtig war, sich für ihn zu entscheiden. Denn im Grunde ist es schon sein Geschenk, eine Wirkung seines Heiligen Geistes, dass Du heute getauft werden willst.

Wie wichtig die Verbindung ist, die Du heute mit Gott eingehst, davon erzählt auch Dein Taufspruch:

> Gott ist Liebe; und wer in der Liebe bleibt,
> der bleibt in Gott und Gott in ihm.
> 1. Johannes 4,16

Lieber Kolja, Gott segne Deinen Lebensweg und schenke Dir einen starken und vertrauensvollen Glauben.

Deine Pfarrerin

Lieber Raphael,

Du bist jetzt sechs Monate alt und Deinem Vater wie aus dem Gesicht geschnitten. Wenn man Deine Füßchen anschaut, sieht man aber auch sofort, dass Du das Kind Deiner Mutter bist. So weiß jeder gleich: Das ist der kleine Becker, und das ist praktisch, denn Du kannst zwar zauberhaft zahnlos lächeln, aber noch nicht sprechen. Bei Dir ist schon optisch klar, dass Du eine Familie hast und zu Menschen gehörst, bei denen Du zu Hause bist.

Es ist ein großer Unterschied, ob man zu Besuch oder zu Hause ist. »Fisch und Besuch fangen nach drei Tagen an zu stinken«, sagt das Sprichwort. So schön es ist, Besuch zu haben, irgendwann wollt Ihr als Familie wieder unter Euch sein – und zwar nur mit denen, die dazugehören. Gäste sind eben nur für eine begrenzte Zeit willkommen. Familienmitglieder dagegen dürfen bleiben – ob sie sich nun gerade streiten oder lieben.

Sich zu Hause fühlen zu dürfen, ist etwas sehr Kostbares. Du wirst es merken, wenn Du nach Deiner ersten großen Reise wieder nach Hause kommst. Oder schon während Deiner Reise, wenn Du das Gefühl Heimweh kennenlernst. Du wirst Dich nach dem Ort sehnen, an dem Du lebst, aber vor allem nach den Menschen, die Deine Familie sind. Und selbst, wenn Du später ganz anders aussehen solltest als sie, sich Deine Gesichtszüge und die Form Deiner Füße verändern: In Deinem Herzen wirst Du genau wissen, zu wem Du gehörst.

Heute bekommst Du dank Deiner Taufe eine zweite Familie geschenkt. Du gehörst jetzt zur Familie Gottes. Es ist eine weltweite Familie, ja, sie umspannt sogar die Jahrtausende. Einer Deiner ersten Geschwister, der einen Brief an die Leute in Ephesus geschrieben hat, hat das für alle Christen so formuliert:

So seid ihr nun nicht mehr Gäste und Fremdlinge, sondern Mitbürger der Heiligen und Gottes Hausgenossen.

Epheser 2,19

Von heute an gehörst Du dazu, lieber Raphael. Du darfst Dich bei Gott zu Hause fühlen, zum Beispiel in jeder Kirche auf der ganzen Welt. Und Du hast eine Menge Geschwister dazugewonnen, aktuell leben 2,26 Milliarden überall auf der Erde. Du wirst nicht alle kennenlernen können in Deinem Leben, Du wirst nicht jeden mögen und Du wirst manche lieben lernen. Doch was auch immer geschieht: Sie werden Deine Heimat sein und Gott wird Dich im Herzen tragen und er weiß, dass Du zu ihm gehörst.

Dass auch Du ihn im Herzen trägst und Du Dich bei Gott zu Hause fühlst, das wünscht Dir

Deine neue Schwester und Pfarrerin

Geliebt | Ps 23

Liebe Isa,

weißt Du, was der Ursprung allen Lebens ist? Weißt Du, was wir so dringend zum Leben brauchen, wie die Luft zum Atmen und unser tägliches Brot? Es ist die Liebe. Wir Menschen leben aus der Liebe, und wir überleben nur, weil es die Liebe gibt. Wenn einer alles, was er hat, verkaufen würde, um sich Liebe zu kaufen – es würde nicht genügen. Wer geliebt wird, der darf sich darüber mehr freuen als über ein dickes Bankkonto. Denn Liebe ist nicht käuflich und immer ein ganz kostbares Geschenk.

Du bist ein geliebtes Kind, Isa! Deine Eltern schenken Dir ihre Zuneigung und Zärtlichkeit, ihr Vertrauen und ihre Nähe. Zugleich schenkst Du ihnen viel, schon seit dem ersten Augenblick, als sie Dich im Arm hielten. Du schenkst Dein Lachen, Deine Einfälle, Deine ganze Art.

Es ist ein Geschenk, zu lieben. Es ist aber genauso ein Geschenk, geliebt zu werden. Liebe bleibt nämlich nie für sich, sie teilt sich aus und bringt Menschen in Bewegung.

Einer liebt und kennt Dich, seitdem Du ein kleines Pünktchen im Bauch Deiner Mutter warst. Es ist Gott, der Dich mit seiner Liebe umgibt. Ja, er ist der Ursprung jeder Liebe, und jede menschliche Liebe lebt aus ihm, der Quelle allen Lebens und aller Liebe. Wie jeder Liebende freut Gott sich, Dich beschenken zu dürfen. Er schenkt Dir das Kostbarste, was er schenken kann, nämlich sich selbst. Mit Deiner Taufe verspricht er Dir, dass Du Dich Dein Leben lang (und darüber hinaus) darauf verlassen kannst. Er möchte Dich mit seiner Liebe in Bewegung setzen und er wird Dir lebendiger Gefährte, Hilfe, Trost und Freude in Deinem Leben sein.

Noch etwas schenkt Dir Gott. Es ist Dein Taufspruch, der 23. Psalm! Ich wünsche Dir, dass Du die wunderbaren

Worte dieses Psalms für Dich bewahren und schätzen kannst und sie Dich in Deinem Leben begleiten.

> Der HERR ist mein Hirte,
> mir wird nichts mangeln.
> Er weidet mich auf einer grünen Aue
> und führet mich zum frischen Wasser.
> Er erquicket meine Seele.
> Er führet mich auf rechter Straße
> um seines Namens willen.
> Und ob ich schon wanderte im finstern Tal,
> fürchte ich kein Unglück;
> denn Du bist bei mir,
> Dein Stecken und Stab trösten mich.
> Du bereitest vor mir einen Tisch
> im Angesicht meiner Feinde.
> Du salbest mein Haupt mit Öl
> und schenkest mir voll ein.
> Gutes und Barmherzigkeit werden mir folgen
> mein Leben lang,
> und ich werde bleiben im Hause des HERRN
> immerdar.
>
> Psalm 23

Deine Pfarrerin

Gerechtigkeit | Spr 31,8 | Konfirmandentaufe

Lieber Jacob,

es gibt eine Eigenart von Christinnen und Christen – sie können sich mit der Ungerechtigkeit in der Welt nicht abfinden, jedenfalls dann nicht, wenn sie ihre Taufe ernst nehmen und ihr Herz vom Heiligen Geist anrühren lassen. Jesus Christus, nach dem Du Dich heute nennen darfst, der hat sich sein Leben lang für die Menschen eingesetzt und aus Liebe zu ihnen zuletzt sogar sein Leben gegeben. Selig preist er diejenigen, die es ihm nachtun und für Gerechtigkeit kämpfen und barmherzig sind.

Dein Taufspruch aus dem Buch der Sprüche ist Zuspruch und Anspruch zugleich. Anspruch, dass Du nie vergisst, was Deine Eigenart und damit auch Deine Aufgabe in der und für diese Welt ist. Und Zuspruch, weil Du selig, glücklich bist, wenn Du in diesem christlichen Geist handelst.

> Tu Deinen Mund auf für die Stummen und für die Sache aller, die verlassen sind.
> Sprüche 31,8

Du, Jacob, bist ein vielseitig begabter Mensch. Du wirst spüren, dass Du glücklicher wirst, wenn Du Deine Begabungen nicht nur für Dich, sondern auch für andere einsetzt. Es gibt so viele, die nicht so flink reden und denken können wie Du. Für sie kannst Du Stimme und Sprachrohr sein, wenn Du spürst, dass ihre Menschenwürde bedrückt wird. Dabei bist Du nicht auf Dich allein gestellt. Jesus Christus ist bei Dir und schenkt Dir heute in der Taufe seinen Heiligen Geist. Er wird Dir helfen, mutig zu sein, wenn es gilt, auch einmal gegen Mächtige den Mund aufzumachen. Denk immer daran, dass unser Kirchenvater Martin Luther das sogar vor dem Kaiser gewagt hat und das nicht aus eigener Kraft, sondern aus der Kraft Gottes.

Mit Deinem Taufspruch als Lebensmotto wirst Du kein einfaches Leben führen, schon deshalb nicht, weil Du es anderen nicht so leicht machst, wie sie es gern hätten. Dafür wird es aber ein spannendes, ehrliches, mutiges und aufrechtes Leben sein; und viele Menschen werden sich glücklich schätzen, Dich zu kennen oder Deine Freundschaft gewinnen zu dürfen.

Und Du, was wirst Du tun, wenn es Dir einmal die Sprache verschlägt und Du Dich verlassen fühlst? Seit heute, Jacob, bist Du nie mehr allein auf Deinem Weg. Jesus Christus ist bei Dir, und er wird Dir Menschen schenken, die den Mund für Dich aufmachen, wenn es nötig ist und Dich in den Arm nehmen, wenn Du Dich verlassen fühlst. Du bist in die Gemeinschaft der Christen hineingetauft! Und selbst wenn kein Mensch zu sehen ist, wird er bei Dir sein und Dich begleiten und behüten.

Dass Du das auf Deinem Lebensweg immer spüren und glauben darfst, das wünscht Dir

Deine Pfarrerin

Liebe Helen,

zu Deiner Taufe bekommst Du bestimmt vieles geschenkt. Deine Familie und Freunde haben sich Schönes für Dich überlegt. Ich stelle mir vor: Zu Hause gestalten Deine Eltern einen Gabentisch, in der Mitte steht Deine Taufkerze und drum herum legen sie alles, was Deine Gäste Dir mitgebracht haben. Das ist ein gutes Motiv für ein Erinnerungsfoto. Mit Deiner Taufe legt Gott noch ein Geschenk auf Deinen Tisch. Auf dem Foto wirst Du es nicht erkennen können, es ist ein unsichtbares Geschenk, aber sehr kostbar. Gott schenkt Dir nämlich seine Liebe. Er schenkt Dir, liebe Helen, dass Du für ihn ein wunderbares, einzigartiges, unverwechselbares Menschenkind bist. Das wirst Du merken, wenn Du anfängst, dieses Geschenk Gottes auszuwickeln.

Trau Dich ruhig, es auszupacken! Ich sage das, weil es Menschen gibt, die holen es ihr Leben lang nicht heraus und lassen es in der Ecke verstauben. Woran das liegt? Nun, manche vergessen einfach, dass Gott ihnen etwas gegeben hat. Andere können nicht glauben, dass Gott ihnen einfach so seine Liebe schenkt. Sie meinen, sie müssten vorher erst etwas Besonderes schaffen, sie müssten immer lieb sein und das leisten, was andere und Gott von ihnen erwarten. Tja, und dann bleibt das Geschenk liegen und darf nicht das tun, wofür es überreicht worden ist: einen Menschen, einfach so, glücklich machen. Dabei liebt Gott seine Menschen ohne Vorbedingung. Schau Dir Deine Eltern an: Liebt Deine Mutter Dich, weil Du ihr beim Spülen hilfst? Liebt Dein Vater Dich erst, wenn Du alle Schularbeiten erledigt hast? Eben. Sie freuen sich zwar darüber, aber ihre Liebe hast Du auch, wenn Du einmal eine Fünf in der Schule geschrieben hast.

Liebe Helen, ich wünsche mir für Dich, dass Du Gottes Geschenk auspacken magst. Es ist übrigens ein besonderes

Geschenk. Du wirst entdecken, dass man es ein Leben lang auswickeln kann, immer wieder entdeckt man etwas Neues. Du kannst schon als kleines Baby damit anfangen und als Oma immer noch Spannendes entfalten. Damit Du Dich immer gut daran erinnerst, dass Gott ein Geschenk auf Deinen schönen Gabentisch gelegt hat, haben Deine Eltern ein Bibelwort für Dich ausgesucht.

> Von allen Seiten umgibst Du mich und
> hältst Deine Hand über mir.
> Psalm 139,5

Du wirst merken: Wenn Du über Dein Wort nachdenkst oder mit anderen Menschen darüber redest, dann wickelst Du immer wieder Gottes Geschenk aus.

Viel Spaß und Freude dabei wünscht Dir
Deine Pfarrerin

Lieber Dominik,

Du bist ein begeisterter Fußballer. Mit dem Christsein ist es übrigens so ähnlich wie mit einem Fußballverein. Mit Deiner Taufe gehörst Du zur Kirche und darfst in unserer Gemeinde mitspielen.

Dein Eintritt in den Fußballverein ist nutzlos, wenn Du nie trainierst. Du musst üben, um richtig gut Fußball spielen zu können und vielleicht einmal später für Mainz 05 tolle Tore zu schießen. Auch Deine Taufe heute zeigt dann gute Erfolge, wenn Du trainierst und mehr über Gott und Jesus erfährst. Nur so kannst Du merken, was für eine aufregende Angelegenheit das Christsein ist. Ich bin übrigens seit vielen Jahren Mitglied im Verein und finde es immer noch spannend.

Mit Deinem Fußballverein triffst Du Dich auf dem Platz, zum Training in Sachen Christentum in der Kirche, im Gemeindehaus oder im Religionsunterricht. Wie beim Fußball, so macht auch Christsein erst richtig Spaß, wenn man es mit anderen Menschen zusammen betreibt. Das Training bei uns ist vielfältig. Du kannst mit anderen Kindern in der Kindergruppe spielen oder im Kindergottesdienst erfahren, was es mit Weihnachten auf sich hat. Du wirst Freunde finden, die mit Dir zum größten Verein gehören, den es auf der Welt gibt: der Gemeinschaft der Christen.

Unser Trainer ist übrigens immer derselbe. Unser Trainer ist Gott selbst. Er kümmert sich persönlich um jeden Menschen. Gott ist immer für Dich da! Wenn Du mit Gott reden willst, dann kannst Du das tun, wann immer Du es willst. Wenn Du betest hat Gott immer ein offenes Ohr für Dich.

Gott begleitet Dich auf allen Deinen Wegen, Dominik. Und wenn Du auf ihn als Deinen Trainer vertraust, mit ihm sprichst und ihn näher kennenlernst, dann wirst Du merken, dass er bei Dir ist – wohin auch immer Dein Lebensweg Dich führen wird. Das verspricht auch Dein Taufspruch, den Deine Eltern für Dich ausgesucht haben. Er steht in Psalm 91:

> Denn er hat seinen Engeln befohlen, dass sie
> Dich behüten auf allen Deinen Wegen. Psalm 91,11

Deine Pfarrerin

Herz | Ps 51,12 | Konfirmanden-/Erwachsenentaufe

Liebe Anke,

manchmal scheint es so, als ob das Leben Fakten schafft, hinter die ein Mensch nicht mehr zurückkann – mit äußerlichen und innerlichen Konsequenzen. Du zum Beispiel wirst sicher nie der Star einer studentischen Basketballmannschaft sein, da haben Deine Gene klare Fakten gesetzt. Die Natur hat Dich körperlich klein geplant, groß dagegen die Menge Deiner grauen Zellen. Es wird Dir also schwerfallen, so richtig dumm zu werden. Zu den Fakten Deines Lebens zählen auch Deine Eltern. Du kannst sie nicht auswechseln, so wie Du Deine Haarfarbe verändern kannst. Es scheint, als ob das Leben Fakten schafft, hinter die ein Mensch nicht mehr zurückkann – es scheint so. Denn heute schafft ein anderer, Jesus Christus, Fakten. Und hinter diese Fakten kann nichts und niemand mehr zurück. Die Konsequenzen sind so einschneidend und in der Tat irreversibel, dass die Bibel das Geschehen sogar mit einer Geburt vergleicht. Durch Deine Taufe heute wird einiges durcheinandergewirbelt. Jesus Christus verspricht Dir seinen Heiligen Geist. Er will sich Dir schenken. Die Bitte Deines Taufspruchs, den Du Dir selbst ausgesucht hast,

> Schaffe in mir, Gott, ein reines Herz, und gib mir einen neuen, beständigen Geist. Psalm 51,12

ist schon erfüllt, wenn Du das Wasser auf Deinen Haaren spürst. Christus schenkt Dir ein reines Herz und einen neuen, beständigen Geist. Das geschieht, weil er Dich ganz erfüllt. Du hast ein reines Herz denn es kann gar nicht anders sein, wenn er Dich mit liebevollem Blick anschaut und alles wegtut, was Dich von ihm trennen will. Und natürlich ist auch Dein Geist beständig, denn es ist ja kein anderer als sein Heiliger Geist selbst. In der Tat, ein überwältigendes Geschehen, ich kenne kein anderes, das so umstürzend ist.

Mag sein, dass es Dir Menschen von außen nicht anmerken. Du wirst auch weiterhin nicht zum Star einer Basketballmannschaft werden und Du wirst, das hoffe ich doch sehr, nicht verdummen. Deine Eltern bleiben dieselben und, was Du bisher in Deinem Leben erfahren hast, das hast Du eben erfahren.

Und doch ist alles anders. Du wirst von nun an Dich und die Menschen, die Dir begegnen, mit Deinem verwandelten Herzen und Deinem neuen Geist anschauen. Und dieses Herz und dieser Geist werden Dir eine neue, einzigartige Perspektive schenken. Wo Du vorher hart mit Dir ins Gericht gegangen bist, da kannst Du Dich plötzlich liebevoll behandeln, Dir Deine Fehler verzeihen. Gerade so hält es Christus ja auch mit Dir. Auch andere Menschen wirst Du mit neuen Augen und mit neuem Herz sehen. Manchmal wirst Du verzeihen können, manchmal wirst Du Dich trennen, auch das kann heilsam sein. Welche Folgen aber Deine Taufe im Einzelnen haben wird, das kann ich Dir nicht genau voraussagen. Es ist nämlich ein ganz überraschendes und damit spannendes Geschehen. Nur eines ist sicher und fest: Du bist immer umhüllt, erfüllt und geborgen von göttlicher Liebe.

Und wer weiß: Mag sein, Du entscheidest Dich sogar, trotz allem Basketball zu spielen – einfach aus Spaß an der Sache. Warum nicht, man muss ja nicht überall der Star sein. Christus liebt Dich so, wie Du bist.

Dass Du das immer weißt und in Deinem Herzen bewahrst, das wünscht Dir
Deine Pfarrerin

Ps 51,12

Lieber Philipp,

es gibt kostbare Augenblicke im Leben, da steht der Himmel offen. An einem herrlichen Sommertag kannst Du leicht ein Bild dafür finden: Blau spannt sich der Himmel über die Erde, kein Wölkchen trübt die klare Sicht, die Luft ist wie durchsichtig.

Die kostbaren Augenblicke, in denen der Himmel offen steht: Deine Taufe heute ist solch ein Moment. Wenn das Taufwasser über Deinen Kopf fließt, wenn Du auf den Namen Gottes getauft wirst, dann öffnet sich für uns der Himmel. Die Atmosphäre wird durchsichtig und wir ahnen etwas von diesem großartigen Gott, der Dich, Philipp, unendlich lieb hat und sich nichts sehnlicher wünscht, als dass Du ihn in Deinem Leben immer wieder entdecken willst. Gott will für Dich kein fremder Gott sein, fern, jenseits des Horizonts. Er will sich von Dir finden lassen.

Ich finde, wir Menschen brauchen diese Momente, in denen für uns der Himmel offen steht. In ihnen spüren wir, dass unser Leben kein Zufall ist, sondern ein Geschenk, wir fühlen, dass Gott uns nahe ist – sowohl an den schönen als auch an den traurigen Tagen unseres Lebens. Unser Leben wird transparent, durchsichtig für Gott – wenn wir glücklich sind und auch, wenn wir traurig sind. Denn auch dann kann uns der Himmel offen stehen. Und jedes Lachen von Dir kann wie eine Antwort darauf sein, wie ein Gebet, das Gott für dieses wunderschöne Leben dankt, das er Dir schenkt. Selbst Deine Tränen können durchsichtig werden für Gott und ihn darum bitten, dass er Dich tröstet. Dein Gott hört jedes Gebet, hört jedes Lachen und jedes Weinen und ist Dir nah.

Für Deine Taufe haben Deine Eltern einen Spruch aus der Bibel für Dich ausgesucht. Dein Wort steht in Psalm 91.

Denn er hat seinen Engeln befohlen, dass sie
Dich behüten auf allen Deinen Wegen, dass sie
Dich auf den Händen tragen und Du Deinen Fuß
nicht an einen Stein stoßest.

Psalm 91,11-12

Lieber Philipp, Dein Taufspruch ist durchsichtig für Gott, und wenn Du über ihn nachdenkst, kannst Du Gott für Dich entdecken. Ich wünsche Dir, dass Du dann merkst: Der Himmel ist offen für mich.

Deine Pfarrerin

Himmelfahrt | Eph 1,18

Lieber Luis,

ein himmlisches Unterfangen – Deine Taufe am Himmelfahrtstag! Das ist schon ein Ereignis zum Abheben! Übrigens haben die Leute früher Himmelfahrt so gemalt: Jesus hebt ab, man sieht nur noch seine Füße aus der Wolke herausragen.

Mit Deiner Taufe holst Du ihn aber ganz schön auf die Erde zurück. Und gerade so hat sich das Jesus auch vorgestellt. Denn vor seiner Himmelfahrt hat er seinen Jüngern noch ans Herz gelegt, Menschen von ihm zu erzählen und sie auf seinen Namen zu taufen. Jesus wollte, dass durch die Taufe Menschen auf der ganzen Welt zu einer großen Gemeinschaft zusammengefügt werden. In der Bibel steht, dass diese Gemeinschaft wie ein Leib ist, der Leib Christi.

Deshalb musste Christus zum Himmel fahren, also nicht mehr leiblich unter seinen Jüngerinnen und Jüngern sein, damit sie als getaufte Menschen zu seinem Leib werden und damit untrennbar mit ihm verbunden sind. Und so kann er sowohl im Himmel als auch mitten unter ihnen sein: in Bethanien in Israel, wo die Himmelfahrt geschehen sein soll, aber auch auf der ganzen Welt. Und heute hier in Gonsenheim.

Klingt ganz schön kompliziert? Finde ich auch. Aber Gott hat sich die Sache mit seinen Menschen von Anfang an nicht einfach gemacht. Er liebt uns nämlich. Und so ist das eben mit der Liebe, sie ist keine einfache Angelegenheit. Und trotzdem sehr schön, richtig himmlisch – zum Abheben. So wie Deine Taufe heute. Sie ist ein Zeichen der Liebe Gottes, und sie macht Dich zu einem Teil dieses himmlischen Leibes, zum Teil dieser weltumspannenden Gemeinschaft, in die Du heute hineingetauft wirst.

Als Zeichen für Gottes himmlische Liebe bekommst Du heute Deinen Taufspruch.

> Und er gebe euch erleuchtete Augen des Herzens, damit ihr erkennt, zu welcher Hoffnung ihr von ihm berufen seid, wie reich die Herrlichkeit seines Erbes für die Heiligen ist.
>
> Epheser 1,18

Lieber Luis, ich wünsche Dir, dass Du immer wieder Lust hast, Dein Leben zu genießen und vor Freude ein bisschen in den Wolken zu schweben. Denn das Leben ist wunderbar und Gottes himmlisches Geschenk. Das darfst Du feiern. Nicht nur an Himmelfahrt.

Deine Pfarrerin

Liebe Martha,

Du bist am Sonntag des guten Hirten getauft worden. An diesem Sonntag denkt die Kirche daran, dass sich Gott wie ein guter Hirte um seine Herde Menschen kümmert – also auch um Dich, Martha. Tag und Nacht ist ein Hirte bei seinen Tieren. Er passt auf, dass sie sich nicht verlaufen, und sorgt dafür, dass sie eine gute Weide finden. In der Hand trägt er einen Stab, mit dem er seine Schafe im Notfall verteidigen kann. Meistens hat er auch einen Hund dabei, der die Schafe ebenfalls beschützt.

Gott als Dein guter Hirte – das bedeutet für Dich, Martha, dass Gott Tag und Nacht um Dich ist, sich um Dich sorgt und Dich behütet. Du bist in Gottes Augen etwas ganz Besonderes, sein geliebtes Menschenkind, und diese Liebe sollst Du in Deinem Leben spüren, daran soll es Dir nie fehlen. Du spürst diese Liebe Gottes in der Liebe Deiner Eltern und Geschwister, in der Zuwendung Deiner Paten und der Menschen, die Deine Freundinnen und Freunde sind. Von heute an gehörst Du zur Familie der Christen, und auch hier wirst Du Menschen finden, auf die Du Dich verlassen kannst. Mit dem Wasser, das über Deinen Kopf fließt, mit den Worten, die gesprochen werden, gehörst Du zu Gottes Herde. Gott nimmt dieses Versprechen nie zurück.

Die Schafe vertrauen ihrem guten Hirten, sie spüren, dass er es gut mit ihnen meint. So kannst auch Du Gott vertrauen. Sein Ohr ist offen für Dich. Er hört Dich, wann immer Du mit ihm sprechen willst. Auch mitten in der Nacht, in jeder Sekunde Deines Lebens. Das verspricht er Dir heute mit Deiner Taufe. Gott verspricht Dir allerdings nicht, dass in Deinem Leben immer alles glatt laufen wird. Es wird Tage geben, an denen fühlst Du Dich wie von wilden Tieren umlagert, oder das Wetter spielt nicht mit, Du musst durch sumpfiges Gelände und das Leben ist unbequem und schwierig. Aber sei Dir sicher: Mit Deinem guten Hirten wirst Du das alles meistern.

Liebe Martha, Du darfst Dich mit Gott auf Deinen Lebensweg machen und schauen, auf welche Weide er Dich führt. Du wirst andere Menschen kennenlernen, die auch zu Gottes Herde zählen und sich freuen, dass Du nun auch dazugehörst. Und Du wirst – das wünsche ich Dir – sowohl an sonnigen als auch an regnerischen Tagen, sowohl auf grünen Wiesen als auch in schwierigem Gelände merken: Der Herr ist mein Hirte, mir wird nichts mangeln.

Ich finde, darüber darfst Du Dich freuen! So wie über den Taufspruch, den Deine Eltern als Wegzehrung für Dich eingepackt haben. Er steht im 2. Buch Mose:

Siehe, ich sende einen Engel vor Dir her,
der Dich behüte auf dem Wege und Dich bringe
an den Ort, den ich bestimmt habe.
2. Mose 23,20

Deine Pfarrerin

Lieber Pierre,

wenn Du mich fragst, wie ich mir Gott vorstelle, dann antworte ich Dir: Ich stelle mir vor, er sei ein großer Komponist. Wenn Du über Gott nachsinnst, dann kann er Dir wie ein wunderbarer Kanon vorkommen, der bis in Ewigkeit weiterklingt und doch niemals langweilig wird. Eigentlich könnte Gott es dabei belassen. Doch Gott bezieht die Menschen in seine Komposition mit ein. Und da wird aus dem Kanon eine Fuge mit vielen Variationen. Wir Menschen werden Teil der göttlichen Komposition, unsere Stimme erklingt mitten in der kunstvollen Fuge des Himmels. Die Stimme jedes Menschen hat darin ihren Platz, gehört dazu. Auch Deine Stimme, lieber Pierre. Du bist Teil einer Fuge, in der jedes Wesen sein eigenes Thema hat. Und Gott kennt jedes Thema und fügt es in seine Komposition ein.

Es wird Zeiten geben, da fühlst Du Dich wie durchdrungen von dieser göttlichen Musik. Da hörst Du Deine Stimme und das Thema Deines Lebens im Zusammenklang mit anderen Menschen im göttlichen Chor. Da stimmt einfach alles. Und Du merkst, wie in Dir Saiten zum Schwingen kommen und der Himmel in Dir und mit Dir singt. Das sind Tage, an denen Dir das Herz überfließt vor lauter Jubel.

An anderen Tagen wirst Du Dir nicht vorstellen können, dass die Misstöne Deines Lebens ihren Platz in Gottes Komposition haben können. Dann bist Du verstimmt, manchmal klingen Deine Töne nur schräg. Später wirst Du merken, dass auch diese Töne zur Komposition gehören dürfen. Selbst, wenn Du nur noch leise sein kannst, fast unhörbar, fällst Du nicht aus Gottes Fuge hinaus. Wenn Deine Stimme versagt, dann können die Stimmen anderer Menschen einen tröstlichen Klang annehmen. Manchmal kannst Du im Rückblick feststellen, dass das Leben gerade dadurch einen vollen Klang annimmt. Ich bin gewiss, dass auch noch der unscheinbarste Ton Deines Lebens zu Gottes Fuge gehört.

In jubelnden und in leisen Zeiten Deines Lebens begleitet Dich ein Gotteswort, das Deine Eltern für Dich ausgesucht haben:

> Gott rüstet mich mit Kraft und macht meinen
> Weg ohne Tadel.
> Psalm 18,33

Auch dieses Wort ist wie ein Klang, wie ein Lied, das Dir sagen will: Jeder Mensch mit seiner persönlichen Lebensmelodie ist in Gottes Musik hineingewoben. Auch Du, Pierre. Mögest Du in Deinem Leben immer eine Ahnung von dieser göttlichen Musik haben!

Das wünscht Dir Deine Pfarrerin

Lieber David Aeneas,

kennst Du Ritter? Sie lebten im Mittelalter auf Burgen, trugen eiserne Rüstungen und jeder von ihnen hatte ein Wappen. Das Wappen war ganz wichtig, denn es zeigte an, wes Geistes Kind der Ritter war.

Heute ernenne ich Dich zum Ritter! Zum Ritter von Gottes Gnaden. Du bekommst auch ein Wappen. Der Apostel Paulus hat es persönlich für Dich gestaltet und Deine Eltern finden, dass sein Motto sehr gut zu Dir passt. Kraft, Liebe und Besonnenheit steht auf Deinem Wappen:

> Denn Gott hat uns nicht gegeben den Geist der Furcht, sondern der Kraft und der Liebe und der Besonnenheit.
>
> 2. Timotheus 1,7

Kraft, Liebe und Besonnenheit sind wahrhaft ritterliche Tugenden. Ein anderes Wort dagegen ist ganz dick durchgestrichen: Furcht. Das passt nicht zu Dir, Ritter David. Du bist kein Geisteskind der Furcht – klar, das wäre ja auch noch schöner für einen Ritter! Du brauchst Dich nicht zu fürchten – Angst darfst Du aber schon ab und zu haben. Die Furcht verkriecht sich, die Angst dagegen schaut dem Leben ins Auge und ist klug und lebenswichtig. Sie hält Dich zum Beispiel davon ab, vor einem fahrenden Auto über die Straße zu laufen oder in ein Schwimmbecken zu springen, ohne vorher nachzuschauen, ob auch Wasser drin ist. Wobei das auch schon gut zu der Besonnenheit gehört, die ebenfalls auf Deinem Wappen steht. Die Besonnenheit wiederum hängt mit der Kraft zusammen. So fügt sich sehr schön eins zum anderen.

Bei zwei sportlichen Eltern hast Du natürlich schon genetisch eine Menge Muskeln mitbekommen. Zur Kraft gehört aber auch die Geisteskraft! Ich wünsche mir, dass Du ein Ritter mit Köpfchen wirst, einer mit Besonnenheit. Dieses Wort scheint eher zu älteren Herrschaften zu passen und nicht zu einem jungen Ritter David. Aber probiere diese Tugend ruhig einmal aus. Wenn man sie ausspricht, rollt sie richtig im Mund, wie ein leckeres Bonbon, mit dem man sich Zeit lässt. Genau das wünscht sich auch die Besonnenheit: Lass Dir Zeit! Hau nicht gleich drauf. Überlege Dir, wo und wie und wann Du Deine Kräfte einsetzt.

Liebe steht noch auf Deinem Wappen, ganz in der Mitte zwischen Kraft und Besonnenheit, mit großen roten Buchstaben geschrieben. Das liegt daran, dass die Liebe am Wichtigsten ist. Ohne Liebe gäbe es Dich gar nicht, lieber David, Du lebst dank der Liebe Deiner Eltern und dank der Liebe Gottes. Ohne Liebe könnte Kraft herzlos werden oder Besonnenheit kalt. Mit der Liebe dagegen entfalten sich Kraft und Besonnenheit und helfen Dir, als geliebter und liebender Mensch ein erfülltes Leben zu leben – im Geist dessen, auf dessen Namen Du heute getauft wirst, im Geist Gottes.

Lieber David, ich bin sehr glücklich darüber, dass ich Dir heute mit Deiner Taufe Dein Wappen überreichen darf und wünsche mir, dass Du mit ihm und Deinem Gott an Deiner Seite ein liebevolles, kraftvolles und besonnenes Leben entdecken wirst.

Deine Pfarrerin

Lebenswende | Ps 91,11 | Erwachsenentaufe

Liebe Frau Müller,

die Bibel ist voller Geschichten von Menschen, die mutig ihrem Leben eine entscheidende Wende geben. Oft geschieht zuvor etwas Dramatisches: Mose sieht den brennenden Dornbusch und legt sich kurz darauf mit dem Pharao von Ägypten an; vor Damaskus wird Saulus zum Paulus, nachdem ihm Christus erschienen ist, und aus dem Christenhasser Saulus wird der größte Missionar der jungen Christenheit.

Heute brennt kein Dornbusch, keine Erscheinung schwebt über der Kirche. Jesus Christus ist allerdings da. Mitten unter uns. Manche Wende im Leben geschieht eben zart, fast unscheinbar. Sie ist für Außenstehende kaum zu erkennen. Dennoch konzentriert sich in diesen Momenten das Leben, ist das Leben so dicht, stark und lebendig, dass es förmlich knistert.

Ihre Taufe ist eine Wende im Leben. Diese Wende hat sich schon lange angekündigt. Mit Ihren ersten Gedanken über Gott hat es angefangen. Und so, wie Mose Mut brauchte, um sich dem merkwürdigen Naturereignis zu nähern, so haben Sie Mut gebraucht, sich Gott anzunähern. Sie haben sich nicht abschrecken lassen. Sie haben sich entschieden. Sie sagen Ja zu dem Gott, der schon lange zu Ihnen Ja gesagt hat, unbedingt, ohne Einschränkungen, voller Liebe und Zartheit. So beginnt heute ein neuer Weg für Sie. Ein Weg, der für Sie Überraschungen bereithält. Das hat seine eigene Dramatik, auch wenn Sie das nicht vor den Pharao von Ägypten führen wird.

Einen zweiten Paulus könnten wir in unserer Welt zwar gut brauchen, aber wer weiß, welche Ihrer Talente Gott wo gut gebrauchen kann. Und er braucht Sie, das ist sicher – übrigens fast das Einzige, was sicher ist auf dem spannenden Glaubensweg, der immer neue Überraschungen bereithält. Worauf Sie sich verlassen können, ist, dass Sie diesen Weg nicht einsam gehen müssen. Gott will sich durch Ihre Taufe heute untrennbar mit Ihnen verbinden, und er wird Sie nie mehr allein lassen. Zeichen dafür, dass Sie Ihren Lebensweg mit Gott gehen, ist Ihr Taufspruch, den Sie gewählt haben.

> Denn er hat seinen Engeln befohlen, dass sie
> Dich behüten auf allen Deinen Wegen.
> Psalm 91,11

Nach wie vor wagen Menschen mutig neue Lebenswege. Sie wagen sie, weil sie spüren, was wirklich zählt und trägt im Leben, weil sie dem glauben, der uns von Anfang an geliebt hat. Sie wagen diese Wege, weil sie wissen, dass es zwar nicht unbedingt ein leichter Weg ist, oft genug ein Schwimmen gegen den Strom, immer jedoch ein Weg, auf dem sie behütet und begleitet sind von Gott und allen Engeln im Himmel. Das gilt für Sie, liebe Frau Müller, von nun an für Ihr ganzes Leben.

Ihre Pfarrerin

Lieber Igor,

Du bist an einem Sonntag getauft worden, an dem wir das Licht feiern. Wir denken an das Licht, das durch Jesus Christus erschienen ist. Auf Griechisch heißt das »Epiphania«. Am Epiphaniastag, dem 6. Januar, feiern die orthodoxen Christen bis heute ihr Weihnachtsfest.

Durch ein Kind, in dunkler Nacht in Bethlehem geboren und in eine Krippe gelegt, kommt das Licht der Welt in die Welt. Was das bedeutet, können uns kleine Kinder am besten zeigen. Wenn ein Kind geboren wird, kommt ein Licht in die Welt. Auch Deine Geburt, lieber Igor, hat Menschen zum Strahlen gebracht: Deine Eltern, Deine ganze Familie. Wenn ein Kind weint, dann spüren wir den Schmerz der Welt. Wer kann gleichgültig bleiben, wenn so ein kleines Wesen jammert. Das Herz öffnet sich, und wir möchten nur noch trösten und helfen. Als Du Deine Zähne bekommen hast, war das so. Du hast geweint, und Deine Mutter und Dein Vater nahmen Dich auf den Arm und streichelten und herzten Dich, bis Du Dich beruhigt hattest.

Kinder helfen uns, wieder zu unserem Herzen zu finden, zu der weichen und zärtlichen und hilfsbereiten Seite in uns. Kinder lehren uns das Staunen! Wie außergewöhnlich ein Kind ist, ein echtes kleines Wunder, ein Gottesgeschenk!

So helfen Kinder, so hilfst Du, Igor, uns allen, etwas von Gott zu begreifen. Ein Wunder wie Du, Igor, das muss uns doch von Gott selbst geschenkt sein!

Mit offenen Herzen, staunend, werden die Erwachsenen neu bereit, sich für Gott zu öffnen. Sich zu öffnen für das, was das Krippenkind, erwachsen geworden, uns allen zu erzählen hat vom Licht der Welt. Wir lesen in der Bibel und entdecken Worte, die für uns geschrieben sind.

Deine Eltern haben dazu ein passendes Bibelwort entdeckt. Es steht im Johannesevangelium.

> Jesus Christus spricht: Ich bin das Licht der Welt. Wer mir nachfolgt, der wird nicht wandeln in der Finsternis, sondern wird das Licht des Lebens haben.
>
> Johannes 8,12

Ich wünsche Dir, lieber Igor, dass dieses Wort für Dich zum Licht auf Deinem Lebensweg wird, so wie Du ein Licht in das Leben von Menschen gebracht hast. Und dass Du, wenn Du größer wirst, den entdeckst, der wie Du als Kind geboren wurde und zum Licht der ganzen Welt geworden ist.

Deine Pfarrerin

Joh 8,12

Liebe Friederike,

ich möchte Dir ein Märchen erzählen. Es war einmal ein kranker König, der hatte drei Kinder: zwei Prinzen und eine kleine Prinzessin. Nur eines konnte ihn gesund machen: das Licht des Lebens. Und so bat er seine Kinder, für ihn das Licht des Lebens zu suchen. Den Kindern begegnete auf ihrem Weg ein unscheinbares kleines Männchen, das bat sie um Hilfe. Die beiden Prinzen lachten das Männchen aus und gingen weiter. Sie fanden auf ihrem Weg Gold und Diamanten, aber das Licht des Lebens fanden sie nicht, und so konnten sie ihrem Vater, dem König, nicht helfen. Das dritte Kind, die kleine Prinzessin, hatte Mitleid und half dem kleinen Männchen. Als Dank schenkte das Männchen der Prinzessin eine kleine Zauberlampe. Diese Lampe würde ihr stets den richtigen Weg weisen. Noch manches Abenteuer musste die kleine Prinzessin bestehen, doch die Lampe half ihr und begleitete sie durch alle Gefahren, bis sie glücklich beim Licht des Lebens ankam. Sorgfältig zündete das Mädchen eine Kerze am Lebenslicht an, barg diese in der Lampe und trug sie zu ihrem Vater. Als der König das Licht sah, wurde er an Leib und Seele gesund.

Liebe Friederike, Du hast das Licht des Lebens schon gefunden. Heute, bei Deiner Taufe, wurde Deine Taufkerze an der Osterkerze angezündet. Sie leuchtet als Symbol für Jesus Christus, der gesagt hat: »Ich bin das Licht der Welt.« Weil Du durch Deine Taufe nun ganz fest zu ihm gehörst, kannst Du mit ihm leuchten. Die kleine Prinzessin behielt das Licht nicht für sich, sondern sie gab es weiter und machte dadurch ihren Vater wieder froh und gesund. Ich wünsche mir, dass das auch ihre Brüder, die Prinzen, nachdenklich gemacht hat. Und ich hoffe, dass das Licht des Lebens letztlich auch ihre Herzen erweicht hat.

Auch Du bekommst das Licht, um für Dich und für andere zu leuchten. Wenn Du Dich von Jesus in Deinem Leben erleuchten lässt, wirst Du wunderbarerweise zu einem Segen für andere Menschen werden. Denn dieses Licht, das Jesus in Deinem Leben erstrahlen lässt, das strahlt auch für andere Menschen. Menschen werden dieses Licht der Liebe in Dir sehen und erkennen und es wird sie fröhlich machen. Sie werden in Deinem Leben Jesus Christus erkennen. Auch Du wirst im Leben anderer das Lebenslicht entdecken können: zunächst in Deiner Familie, dann bei Deinen Freundinnen und Freunden, später bei allen Menschen, die aus dem Licht des Lebens leben. Davon erzählt auch der Taufspruch, den Deine Eltern für Dich ausgesucht haben.

Der Gerechten Pfad glänzt wie das Licht
am Morgen, das immer heller leuchtet bis
zum vollen Tag.
Sprüche 4,18

Ich wünsche Dir, liebe Friederike, dass Du das Licht des Lebens in den Menschen finden wirst, die Dir in Deinem Leben begegnen. Und ich freue mich darüber, dass Du einen neuen Schein in unsere Welt bringst.

Deine Pfarrerin

Medizin zum Leben | Ps 27,1

Lieber Theo,

in der Bibel wird erzählt, dass Jesus viele kranke Menschen heilte. Hätte er heute gelebt, wäre er bestimmt Arzt geworden. Jesus hatte die besondere Gabe, genau zu sehen, was einem Menschen fehlte. Manche hatten ein gebrochenes Bein, bei anderen war die Seele traurig – auch das kann einen Menschen krank machen. Wenn Du eine Erkältung hast, dann ist Dein Hals ganz rau und wund. So kann sich die Seele auch anfühlen, wenn sie verletzt oder gekränkt wird.

Manchmal denke ich: Schade, dass Jesus heute nicht mehr als Arzt unter uns ist. Er könnte so viel Gutes für uns tun. Dann fällt mir ein: Er hat uns ja eine Medizin geschenkt! Die Taufe! Die ersten Christen nannten die Taufe sogar: Medizin zur Unsterblichkeit. Heute finden Wissenschaftlerinnen und Wissenschaftler heraus, dass es ganz wichtig ist, wie zuversichtlich sich ein Patient in die Behandlung begibt. Besonders gut ist es, wenn der Mensch viel Hoffnung hat und ein liebevolles Umfeld.

In der Taufe sagt Jesus zu seinen Menschen: Ihr dürft euch immer auf mich verlassen, selbst durch den Tod lasse ich mich nicht von euch trennen. Und: Ich habe euch lieb, das verspreche ich euch bei meinem Leben. Ich bin bei euch alle Tage bis an das Ende der Welt. Wenn ich darüber nachdenke, spüre ich, wie mich das fröhlich macht und hoffnungsvoll und zuversichtlich. Die ersten Christen hatten schon recht: Die Taufe ist eine wunderbare Medizin!

Diese Medizin bekommst Du heute geschenkt. Und weil zu jedem anständigen Medikament ein Beipackzettel gehört, haben Deine Eltern einen Taufspruch für Dich ausgesucht. Dein Spruch steht in Psalm 27.

> Der HERR ist meines Lebens Kraft;
> vor wem sollte mir grauen?
>
> Psalm 27,1

Beipackzettel sollte man ganz aufmerksam lesen, und ich wünsche mir, dass Du das auch mit Deinem Taufspruch so halten magst. Er ist von Deinen Eltern ganz liebevoll für Dich ausgesucht worden – und Jesus könnte ihn gerade so zu Dir gesagt haben. Er tut Dir gut, an allen Tagen Deines Lebens.

Deine Pfarrerin

Musik | Jes 66,13

Liebe Luise,

Der große Komponist Johannes Brahms zitiert in seinem Deutschen Requiem ein Bibelwort aus Jesaja 66, Deinem Taufspruch:

> Ich will euch trösten,
> wie einen seine Mutter tröstet.
>
> Jesaja 66,13

Brahms war ein sehr kinderlieber Mensch, der immer Süßigkeiten bei sich trug, die er an Kinder verschenkte. Außerdem kannte er die Bibel und zitierte sie souverän. Er muss sie täglich in der Hand gehabt und gelesen haben. Vielleicht hast Du später Lust, ihm darin nachzueifern. Ich kann es Dir nur empfehlen. Die Bibel ist das interessanteste Buch, das ich kenne, und es stehen viele schöne Worte darin, ähnlich bewegend wie es Dein Taufspruch ist. Es lohnt sich, das Wort Gottes zu studieren.

Wenn Du einmal in einem Lexikon unter dem Stichwort Brahms nachschlägst, wirst Du wahrscheinlich lesen, dass er kein besonders gläubiger Mensch war. Das ist falsch: Brahms glaubte an Gott, seine Kompositionen legen Zeugnis davon ab.

Du gehörst seit heute Durch Deine Taufe mit zur Gemeinschaft der Christen, und wir freuen uns darauf, dass Du mit Deiner Persönlichkeit, mit Deinen Begabungen und Deiner Meinung unsere Gemeinde bereicherst. Vielleicht begeisterst Du Dich wie Brahms für Musik und singst im Kirchenchor mit. Oder Du entdeckst Deine künstlerischen Qualitäten und spielst den Verkündigungsengel beim Krippenspiel. Ich bin mir sicher: Du wirst Deine eigenen Akzente setzen und damit unsere

Gemeinde bereichern und später die Kirchengemeinden, in denen Du leben wirst.

Wenn ich Dir einen Rat geben darf: Versuche einfach, in Sachen Glauben in der Übung zu bleiben. Das ist wie bei der Musik: Wer regelmäßig übt, hat mehr Spaß an der Sache. Noch mehr Spaß haben die, die gemeinsam mit anderen musizieren. Das gilt für die Musik wie für die christliche Gemeinde.

Ich wünsche mir, dass Du Deinen Platz in der Gemeinde Gottes findest und uns und viele Menschen mit dem Klang Deines Lebens bereicherst!

Es grüßt Dich Deine Pfarrerin

Jes 66,13

Quelle des Lebens | 1. Joh 4,16

Liebe Maria,

in einem Märchen wird erzählt, dass ein kranker Vater seine drei Kinder losschickt, um für ihn den Quell des Lebens zu finden. Den Kindern begegnet ein unscheinbares kleines Männchen und bittet sie um Hilfe. Die beiden älteren Kinder lachen das Männchen aus und gehen weiter. Sie finden auf ihrem Weg Gold und Diamanten, aber den Quell des Lebens finden sie nicht, und so kann dem Vater nicht geholfen werden. Das jüngste Kind hat Mitleid und hilft dem kleinen Männchen. Dafür schenkt dies dem Kind eine kleine Blume, die ihm den richtigen Weg weist. Es muss noch manches Abenteuer bestehen, aber die kleine Blume hilft ihm und schließlich kommt es glücklich bei der Quelle an. Das Kind schöpft von dem kostbaren Wasser, bringt es dem Vater und der wird gesund.

Das Märchen sagt uns, dass es wichtigere Dinge gibt als Gold und Diamanten. Mit all ihrem Geld konnten die ersten beiden Kinder dem Vater nicht helfen. Das dritte Kind kommt zur Quelle des Lebens, weil es ein liebevolles Kind ist. Es hat ein warmes, offenes Herz und Mitleid mit dem kleinen Männchen. Deshalb findet es, was es gesucht hat.

Die Quelle des Lebens, das ist die Liebe Gottes. Ihr Wasser ist das Taufwasser, das heute über Dich gegossen wurde. Mit diesem Wasser gießt Gott seine Liebe in Dich. Ich wünsche Dir, dass Du spürst, wie Du mit dieser Liebe selbst zu einer Quelle des Lebens für andere werden kannst. Du bist ein geliebter Mensch, und mit dieser Liebe kannst Du auch andere lieben und ihnen helfen, glücklich zu leben, so wie das Kind im Märchen seinem Vater helfen konnte. Wenn Du in der Liebe Gottes lebst, die Dich heute bei Deiner Taufe umfängt, dann bist Du bei Gott.

Das sagt uns auch der Taufspruch, den Deine Eltern für Dich ausgesucht haben. Er steht im 1. Johannesbrief.

Gott ist Liebe; und wer in der Liebe bleibt,
der bleibt in Gott und Gott in ihm.
1. Johannes 4,16

So wie Du das Wasser der Taufe heute auf Deinem Kopf gespürt hast, so kannst Du auch die Liebe Gottes spüren. Sie begegnet Dir in der Liebe Deiner Eltern. In Deiner Familie kannst Du lernen, was die Liebe Gottes bedeutet, denn Gott ist wie ein liebevoller Vater und eine liebevolle Mutter, Jesus Christus wie ein freundlicher Bruder für Dich, der zu Dir hält.

Die Liebe Gottes wird Dir nicht alle Schwierigkeiten aus dem Lebensweg räumen, auch das Kind im Märchen muss ja manches Abenteuer bestehen. Aber sie wird Dir helfen, auch in den Stürmen des Lebens ein weites und liebevolles Herz zu bewahren. Denn – was auch immer geschehen mag – Gott ist die Liebe, und wenn Du in seiner Liebe bleibst, dann bleibst Du in Gott und Gott in Dir.

Deine Pfarrerin

Liebe Jana,

vor ungefähr 500 Jahren lebte ein Mann in der kleinen Stadt Wittenberg, die damals zum Erzbistum Mainz gehörte. Dieser Mann, er hieß Martin Luther, machte eine großartige Entdeckung, mindestens so wichtig wie die, dass die Erde eine Kugel und keine Scheibe ist und dass sie sich um die Sonne dreht und nicht umgekehrt. Martin Luther entdeckte: Gott liebt mich bedingungslos. Und nicht nur mich: So liebt er alle Menschen. »Klar hat Gott alle Menschen lieb!«, wirst Du jetzt vielleicht sagen: »Das weiß ich schon längst!« Prima, wenn Du es weißt. Vielen Menschen geht es nämlich anders. Sie meinen, sie müssten erst etwas leisten, bevor Gott sie lieb hat. Oder sie fürchten, dass Gott sie nicht mehr lieb hat, wenn sie etwas Falsches getan oder etwas Böses gedacht haben.

Obwohl ich evangelische Pfarrerin bin und es eigentlich besser wissen müsste, geht mir das manchmal auch so. Etwa an Tagen, an denen ich mich selbst nicht ausstehen kann. Dann mag ich gar nicht glauben, dass Gott mich lieb hat. An solchen Tagen tut es mir richtig gut, an Martin Luther zu denken. »Mach Dir keine Sorgen.«, scheint er dann zu mir zu sagen: »Auch wenn Du es Dir nicht vorstellen kannst: Gott hat Dich wirklich lieb. Mit und trotz allem, was Du bist und tust. Und das Schönste ist – Du hast etwas, das Dir spürbar zeigt, wie sehr Gott Dich lieb hat. Und dieses Zeichen ist Deine Taufe!«

Die Taufe, liebe Jana, sie gilt für Dein ganzes Leben, so wie die Liebe Gottes Dein ganzes Leben umgreift. Für Deine Taufe heute musstest Du nichts tun und leisten, so wie Du für Gottes Liebe nichts leisten musst. Sie ist ein Geschenk, Gottes Liebe, und die Taufe auf seinen Namen auch.

Das hat Martin Luther entdeckt, und ich finde, das ist die schönste Entdeckung der Welt. Sie wird auch dann noch schön und gültig sein, wenn man entdecken sollte, dass die Erde viereckig ist und wir alle um den Mond kreisen. Was auch immer geschehen mag, Martin Luther meinte, selbst wenn die Welt unterginge oder voller Teufel wäre, müsstest Du Dich nicht fürchten. Was soll Dir schon geschehen? Gott hat Dich lieb!

Übrigens hat Martin Luther noch etwas Tolles geleistet. Er hat die Bibel ins Deutsche übersetzt, sodass Du und ich heute die Bibel in unserer Muttersprache lesen können. So hat er auch Deinen Taufspruch aus dem Griechischen übersetzt:

> Alle eure Dinge lasst in der Liebe geschehen!
> 1. Korinther 16,14

Ich wünsche Dir, liebe Jana, dass alles, was Du lebst und tust, etwas widerspiegeln möge von dieser unendlichen Liebe, die Gott Dir geschenkt hat.

Deine Pfarrerin

Liebe Olga,

herzlichen Glückwunsch! Du bist seit heute Mitspielerin und darfst bei einer ganz besonderen Schatzsuche mitmachen. Jesus Christus hat Dich heute durch die Taufe in seine Gemeinde aufgenommen. Und jeder getaufte Mensch darf mitspielen und sich auf die Suche nach dem Schatz machen. Bevor Du losläufst, möchte ich Dir die Regeln des Spiels erklären. Wie bei jedem Spiel gibt es nämlich auch bei der Schatzsuche wichtige Regeln, die Du kennen musst. Sonst verstehst Du nicht, was die anderen sagen und tun. Du wirst Dich langweilen und Dir die Freude an diesem spannenden Spiel selbst verderben. Das wäre doch schade, oder? Keine Angst, die Regeln sind nicht schwer zu merken. Die Grundregeln lauten: Du gewinnst, wenn Du mit anderen zusammenspielst; Du verlierst, wenn Du es als Einzelkämpfer versuchst. Du, Olga, bist nämlich wie eine Karte, in der alle wunderbaren Schätze eingezeichnet sind. Doch Du selbst kannst die Karte nicht lesen. Du brauchst andere Menschen, die Deine Schätze entdecken. Das Spiel ist auch deshalb spannend, weil die anderen ebenfalls wie Schatzkarten sind, die darauf warten, dass Du sie entdeckst.

Was sind das nun für Schätze, die es da zu entdecken gilt? Es sind Deine ganz besonderen Begabungen, es sind Deine Kräfte, es sind alle Eigenschaften, die Dich zu einem so liebenswerten Menschen machen. Das entdecken andere an Dir, frag mal Deine Eltern! Und Du wiederum entdeckst solche zauberhaften Schätze bei anderen. Ich bin mir zum Beispiel sicher, dass Deine Eltern durch Dich schon öfter über sich hinausgewachsen sind.

In jedem Schatz, den Du dank Deiner Mitspieler in Dir entdeckst, kommst Du einem ganz großen Schatz auf die Spur. Ich meine sogar, es ist der größte Schatz der Welt. Es ist Gott, der Dir alle diese Begabungen geschenkt hat, damit andere an Dir Freude haben und Du mit anderen Freude am Leben hast, damit Du zu einem Segen für diese Welt, zu einem Licht der Welt wirst. Olga, ich verspreche Dir, wenn Du diesem Schatz auf der Spur bleibst, wenn Du Dein Leben lang nach ihm suchst, dann wirst Du ein erfülltes, ein reiches, ein gesegnetes Leben leben. Ein sicher nicht immer einfaches, gewiss jedoch spannendes Leben.

Deine Eltern haben Dir übrigens noch einen Joker mit auf den Weg gegeben. Das ist Dein Taufspruch. Wenn Du einmal ratlos bist beim Glaubens-Spiel, bei der Schatzsuche des Lebens, dann denke an ihn – er möchte Dir helfen.

Dein Taufspruch steht im 103. Psalm und heißt:

Lobe den HERRN, meine Seele, und vergiss
nicht, was er Dir Gutes getan hat.
Psalm 103,2

Setze ihn ruhig oft ein, Deinen Joker, er geht Dir nie verloren und gehört Dir Dein Leben lang, so wie Deine Taufe fürs ganze Leben gilt.

Liebe Olga, ich freue mich, dass Du ab heute mitspielst.
Deine Pfarrerin

Schlüssel zum Glück | Ps 91,11-12

Liebe Jantine,

heute möchte ich Dir ein Märchen erzählen. Das Märchen von einer Prinzessin und einem Prinzen, die sich gemeinsam aufmachten, um nach dem Schlüssel zum Glück zu suchen. Ihr Vater, ein ziemlich netter alter König, gab beiden noch einen kleinen Umschlag mit – sie sollten ihn bei Bedarf öffnen. Und so liefen sie mit leichtem Gepäck los, auf der Suche nach dem Schlüssel zum Glück. Nach vielen Tagen kamen sie an eine wunderschöne Burg. »Hier könnten wir fündig werden!«, meinte die Prinzessin. »Ist so eine Burg der Schlüssel zum Glück?«, fragte der Prinz den Burgherren. »Schön wär's.«, meinte der: »Aber Du glaubst gar nicht, wie viele Probleme man als Burgbesitzer hat. Dauernd muss man renovieren und den Baukredit habe ich auch noch nicht abbezahlt. Seid froh, dass ihr euch damit nicht herumplagen müsst.« So liefen die beiden weiter, bis sie an ein Juweliergeschäft kamen. »Sind Perlen und Gold der Schlüssel zum Glück?« Der Besitzer seufzte: »Was glaubt ihr wohl, warum ich den schweren Safe und die Alarmanlage habe? Glück sieht anders aus! Euch geht's besser als mir.« So liefen die beiden weiter. Sie kamen in eine Hauptstadt und trafen die Regierungschefin. »Ist Macht der Schlüssel zum Glück?«, fragte der Prinz. »Schau mal meine grauen Haare an.«, sagte die Regierungschefin: »Tag und Nacht trage ich die Verantwortung für mein Land, das ist eine ganz schöne Last. Nein – der Schlüssel zum Glück ist das nicht.« Ratlos schauten sich die Prinzessin und der Prinz an. Wo sollten sie jetzt weitersuchen? So entschieden sich die beiden, ihren Umschlag zu öffnen. »Ihr seid zwei Gottesgeschenke!«, lasen sie. Und dann stand da noch der Taufspruch der Prinzessin und des Prinzen. Lustigerweise war es gerade Dein Taufspruch.

Denn er hat seinen Engeln befohlen, dass sie
Dich behüten auf allen Deinen Wegen, dass sie
Dich auf den Händen tragen und Du Deinen Fuß
nicht an einen Stein stoßest.

Psalm 91,11-12

Die Prinzessin und der Prinz schauten sich an. »Du bist ein Gottesgeschenk.«, sagte der Prinz und lächelte: »Kann es sein, dass das der Schlüssel zum Glück ist? Zu wissen, dass Gott uns Menschen schenkt, die wir lieb haben dürfen und die mit uns auf dem Weg sind?« Die Prinzessin nickte. »Wie schön, dass der König uns noch den Taufspruch dazu geschrieben hat. Das ist wie eine Orientierung, wie ein Wegweiser zum Glück.«, meinte die Prinzessin. »Eigentlich haben wir gefunden, was wir gesucht haben.«, sagte der Prinz. »Das finde ich auch.«, sagte die Regierungschefin und ließ die beiden mit ihrem Dienstwagen nach Hause fahren – sicher ist sicher. »Wir hätten auch zu Hause bleiben können – was meinst Du?«, fragte der Prinz. Die Prinzessin schüttelte den Kopf: »Nach dem Glück muss man schon suchen.« Der Prinz nickte: »Genauso wie nach Gott. Und wenn man beides gefunden hat …« »… ist das der Schlüssel zum Glück.«, ergänzte die Prinzessin. Mit diesem Ergebnis ihrer Reise war auch der alte König sehr zufrieden. Er lud den Burgbesitzer, den Juwelier und die Regierungschefin zu einem schönen Fest ein. Denn Glück will geteilt sein. So wie der Glaube an Gott.

Und wenn sie nicht gestorben sind, leben sie noch heute.
Deine Pfarrerin

Lieber Julian,

der Sonntag, an dem Du getauft wurdest, hat ein besonderes Thema, das Erwachsene, Kinder und Jugendliche beschäftigt: Es geht um die »Sorge«. Spätestens, wenn ein Baby schreit, weil es die Milch vermisst, wenn ein Kind einem anderen im Sandkasten das Förmchen klaut, ist sie da: Die Sorge, nicht genug zu bekommen. In der Schule geht es weiter: Schreibe ich gute Noten, finde ich Freundinnen und Freunde und bekomme ich bei den Bundesjugendspielen eine Urkunde? Später geht es darum, ob Du das Abi schaffst, Deine Freundin Dir treu bleibt und Deine Freunde das für sich behalten, was Du ihnen anvertraut hast. Und noch später geht es darum, einen Arbeitsplatz zu bekommen oder zu behalten und den Kredit für das Haus zu stemmen. Zugegeben: Das sind ernste Themen. Aber Jesus meldet große Bedenken an, ob die Sorgen darüber es wert sind, dass sie Falten in Dein Gesicht graben und Deine Gesundheit ruinieren – denn das schaffen Sorgen, leider! Jesus meint: Durch Sorgen hat sich noch nie etwas geändert oder gar gebessert, weder die Freundin noch die Leistung bei den Bundesjugendspielen. Man wird durch sie auch nicht kreditwürdiger, noch kann man durch Sorgen das Leben verlängern. Im Gegenteil! Sorgen machen das Leben eng und dunkel. Deshalb warnt die Bibel vor Sorgen, und der Apostel Petrus meint sogar, dass man alle Sorgen auf Gott werfen solle, denn Gott sorgt für uns.

Sicher, Gott kauft Dir kein Haus und besorgt Dir auch keinen Arbeitsplatz. Aber er sagt Dir: So wichtig alle diese Fragen sind – Du bist unendlich viel wichtiger. Keine Urkunde bei den Bundesjugendspielen und auch keine Fünf in Mathe sind wichtiger als Du! Zwischen Dir und Deinen Sorgen soll immer diese Gewissheit stehen: Du bist ein von

Gott geliebter Mensch. Dein Leben ist kostbar, und Gott möchte in Dir atmen, möchte Dir mit jedem Atemzug zeigen, dass es wunderbar, großartig, einzigartig und viel kostbarer ist als Geld und jede Sorge!

Das beste und schönste Zeichen dafür ist Deine Taufe. Durch das Wasser, das über Deinen Kopf fließt, möchte Gott die Dunkelheit der Sorge von Dir waschen. Durch Deine Taufe gehörst Du zu Gott, und der hat Besseres mit Dir vor als Sorgenfalten. Er möchte Deine Füße auf weiten Raum stellen, Dir seine Liebe schenken. Als Zeichen für Gottes Liebe wird Dir heute ein Taufspruch geschenkt, ein wundervolles Wort gegen jede Lebenssorge. Deine Familie hat ihn für Dich ausgesucht. Er steht im Johannesevangelium.

Jesus Christus spricht: Ich lebe,
und ihr sollt auch leben.

Johannes 14,19

Lieber Julian, wenn Du später merkst, dass die Sorgen an Dir nagen wollen, dann hau ihnen einfach Deinen Taufspruch um die Ohren. Das hilft!

Ein wunderbares Leben, geborgen in der Liebe Gottes, wünscht Dir
Deine Pfarrerin

Stärke und Teamwork | Jer 9,22–23

Lieber Daniel,

Du hast Deinen eigenen Kopf, das ist schon jetzt ganz klar. Einerseits hast Du von Beginn Deines Lebens an viel Liebe mitbekommen von Deinen Eltern und Deinen Geschwistern. Andererseits musst Du Dich als der Kleinste bei den anderen auch durchsetzen. Das, so finde ich, gelingt Dir ziemlich gut … Du hast die besten Voraussetzungen, zu einem starken Menschen heranzuwachsen, der genau weiß, was er will.

Es gibt starke Leute, die bilden sich ziemlich viel auf sich ein. Manchmal kommen sie mir vor wie aufgeblasene Luftballons. Denn sie glauben, sie hätten alles selbst im Griff und nur sich selbst zu verdanken. Wenn dann eine Krise kommt oder jemand, der ein bisschen schlauer oder stärker ist als sie, dann sind sie angepikst und fallen in sich zusammen. Puff!

Ich wünsche mir, dass Du ein starker, schlauer Kerl wirst, der genau weiß, wem er sein Glück zu verdanken hat. Natürlich auch Deinem eigenen Einsatz, ganz klar, aber davor Deiner Familie, Deinen Eltern und Geschwistern und vor allem Gott, der Dir Dein Leben geschenkt hat und Dich schon lieb hat, seitdem Du im Bauch Deiner Mutter herangewachsen bist. Dein Erfolg ist das Ergebnis eines guten Teamworks von Gott, Deiner Familie und Deiner eigenen Energie.

Ein starkes Team lässt sich nicht so anpiksen wie ein Luftballon. Im Gegenteil kann es sich freuen über andere, die ebenfalls stark und schlau sind, sie können ja das Team bereichern! Ein starkes Team kann übrigens auch die auffangen, die mal einen schlechten Tag haben, und das kann selbst einem Kerl wie Dir passieren. Gut, wenn Du auch barmherzig Dir selbst und Deinen schwachen Seiten gegenüber sein kannst. Nicht zuletzt: Ein starkes Team setzt sich für Gerechtigkeit in dieser Welt ein und für die, denen es schlechter geht als Dir, weil sie nicht so gute Voraussetzungen hatten und haben.

In der Bibel gibt es einen Spruch, der all diese Gedanken zusammenfasst. Er steht im Buch des Propheten Jeremia und soll Dein Taufspruch sein:

> Ein Weiser rühme sich nicht seiner Weisheit,
> ein Starker rühme sich nicht seiner Stärke,
> ein Reicher rühme sich nicht seines Reichtums.
> Sondern wer sich rühmen will, der rühme sich
> dessen, dass er klug sei und mich kenne, dass
> ich der HERR bin, der Barmherzigkeit, Recht
> und Gerechtigkeit übt auf Erden.
>
> Jeremia 9,22-23

Lieber Daniel, ich bin richtig gespannt, wie Du Deinen Taufspruch in Deinem Leben umsetzen und wie Du Dein Leben gestalten wirst.

Deine Pfarrerin

Strahlen | Jes 60,1

Liebe Helene Pauline,

als Du auf die Welt gekommen bist, haben viele Leute vor Freude gestrahlt. Zuerst natürlich Deine Eltern und Deine beiden großen Brüder, aber auch Deine Großeltern, Deine ganze Familie und viele Freunde. Ich auch übrigens! Wir haben uns alle gefreut, dass Gott einem so entzückenden kleinen Mädchen das Leben geschenkt hat. Mag sein, dass Du ein solcher Sonnenschein bist, weil Dich vom Beginn Deines Lebens an so viele Menschen angelächelt haben.

Deine Eltern haben Dir den Namen Helene gegeben, was ebenfalls mit Licht zu tun hat und die Strahlende, die Leuchtende oder die Sonnenhafte bedeuten kann. Oder auch die Schöne. Viele Menschen haben versucht, das Geheimnis der Schönheit herauszufinden. Dabei ist es im Grunde ganz einfach. Jeder Mensch, der geliebt wird, ist schön in den Augen des Liebenden, und so ist ein liebender Mensch wie ein Spiegel, der seinem Gegenüber sagt: Du bist schön! Wie wunderbar, dass es Dich gibt! Wer in diesen Spiegel schaut, beginnt zu strahlen und zu leuchten, und das wiederum ist auch ein Spiegel für das Gegenüber. Ein leuchtendes Wechselspiel also, das auch über die Liebenden hinaus ausstrahlt. Deshalb fühlt man sich bei Menschen, die sich lieb haben, besonders wohl.

Im Grunde könnten alle Menschen so strahlen. Denn jeder Mensch, ausnahmslos, ist ein von Gott geliebtes Geschöpf. Es würde also ausreichen, wenn wir alle jeden Tag in den Spiegel der Liebe Gottes sehen würden, und jeder von uns würde strahlen wie eine kleine Sonne. Leider ist das fast niemandem im Leben ständig klar. Menschen vergessen, dass sie geliebt sind, sie lassen sich ablenken von angeblich wichtigeren Dingen oder es passiert etwas so Trauriges, dass sie sich gar nicht vorstellen können, dass Gott noch da ist. Dann sind sie mutlos und mögen sich nicht auf die Suche nach Gottes Angesicht begeben, zur Quelle allen Lichts. Deine Eltern möchten, dass Du Dich immer daran erinnerst, dass Du ein geliebtes Menschenkind bist. Und sie wünschen sich, dass Du immer mutig darin bleibst, nach Gottes Liebe zu suchen. Deshalb haben sie Dir einen Wegweiser mitgegeben, Deinen Taufspruch. Er steht im Buch des Propheten Jesaja:

> Mache Dich auf, werde licht; denn Dein Licht kommt, und die Herrlichkeit des HERRN geht auf über Dir!
> Jesaja 60,1

Liebe Helene, ich bin mir sicher, dass Du noch vielen Menschen begegnen wirst, die strahlen, wenn sie Dich sehen. Und dass Du selbst ein strahlender und leuchtender Mensch bleibst. Ich bete darum, dass Du nie vergisst, wer die Quelle allen Lichts ist, der Schöpfer der Welt, und dass Du Dich in Deinem Leben aufmachen wirst, ihn zu suchen. Auf dass Dein Leben licht werde und Du spürst, dass Gott Dir entgegenkommt und seine Herrlichkeit aufgeht über Dir.

Deine Pfarrerin

Lieber Florian,

Du bist im Advent getauft worden. Der Advent ist eine Wartezeit – so wie eine Schwangerschaft eine Wartezeit ist. Für beide gilt: Menschen warten auf ein Kind und es sind besondere Zeiten.

Deshalb können Deine Eltern Dir bestimmt noch ganz genau erzählen, wie es war, als Du im Bauch Deiner Mutter herangewachsen bist. Sie waren ganz gespannt auf Dich, sie freuten sich auf Dich und hofften, dass Du gesund und wohlbehalten auf die Welt kommen würdest.

Wartezeiten sind merkwürdige Zeiten. In ihnen fühlt man die Zeit anders. Manchmal dehnt sie sich aus. Das geschieht dann, wenn man ungeduldig wird und die Sekunden zählt, bis ein geliebter Mensch kommen wird oder ein Baby endlich den warmen Bauch der Mutter verlassen will. Plötzlich rast sie davon. Das spüren Menschen, wenn sie mit den Vorbereitungen für das Fest noch nicht fertig sind. Und dann wieder ist man im Einklang mit der Zeit und genießt das Warten als ein Geschenk, das uns langsam einstimmt auf den entscheidenden Moment.

Stell Dir vor, es gäbe keine Wartezeiten. Das wäre ganz schrecklich. Wir hätten keine Zeit, uns vorzubereiten. Alles würde plötzlich auf uns einstürzen. Wartezeiten sind lebenswichtig. Auch ein Baby braucht die Zeit, sich auf seine Geburt vorzubereiten, und fühlt und hört im Bauch seiner Mutter schon vieles, was ihm hilft, in der ungewohnten neuen Welt zurechtzukommen. Du wirst im Laufe Deines Lebens einige Wartezeiten kennenlernen. Du wirst warten, bis Du in den Kindergarten kommst, dann auf Deinen ersten Schultag, Deine erste Freundin, später vielleicht auf Dein eigenes Kind … Du wirst ungeduldig und geduldig, fröhlich und ängstlich, hoffnungsvoll und gelassen warten.

Deine Eltern haben einen wunderschönen Taufspruch für Dich ausgesucht, der Dich in den Wartezeiten Deines Lebens begleiten will.

Meine Kinder, lasst uns nicht lieben mit Worten noch mit der Zunge, sondern mit der Tat und mit der Wahrheit.

1. Johannes 3,18

Mit diesem Wort segnet und begleitet Dich Gott in Deinem Leben – in seinen Wartezeiten und wenn Du angekommen bist. Sein Wort und sein Segen erklingen so immer neu in Deinem Leben, trösten und erfreuen Dich und helfen Dir, Dein Leben und seine Wartezeiten für Dich und die Menschen, die Du liebst, segensreich zu gestalten.

Wenn Du das spürst, kannst Du beten:

»Von guten Mächten wunderbar geborgen,
erwarten wir getrost, was kommen mag.
Gott ist bei uns am Abend und am Morgen
und ganz gewiss an jedem neuen Tag.«

(Dietrich Bonhoeffer)

Deine Pfarrerin

Lieber Adam,

es gibt ein deutsches Sprichwort, das heißt: »Wasch mir den Pelz, aber mach mich nicht nass.« Das, lieber Adam, hätten zwar viele Leute gern, aber es funktioniert nicht. Wer sich den Pelz waschen lässt, der wird unweigerlich feuchte Haare bekommen. Trocken bleibt nur der, der ganz aufs Waschen verzichtet. Aber das ist, frag mal Deine Eltern, auf Dauer keine Lösung.

Wasch mir den Pelz, aber mach mich nicht nass: Das denken manche Menschen auch in Sachen Taufe. Aber auch hier funktioniert das nicht. Gott sei Dank, möchte ich sagen! Es wäre doch schade, wenn Deine Taufe keine Konsequenzen hätte. Die Wassertropfen, die heute über Deinen Kopf laufen, sollen Dich nass machen, sollen Dein Leben verändern. Gott sagt heute Ja zu Dir – und das gilt für Dein ganzes Leben. Ich wünsche mir, dass Dich dieses Ja auf Deinem Lebensweg bewegen wird. Du wirst entdecken: Mit Gott ist mein Leben spannend! Einfach allerdings auch nicht. Denn Christen schwimmen gegen den Strom, wehren sich gegen Ungerechtigkeiten, finden sich mit fertigen Lösungen nicht ab, vertreten die Interessen von Menschen, die zu schwach sind, um sich selbst helfen zu können, und setzen sich für den Frieden ein. Es sind Menschen, die nicht mit allen Wassern gewaschen sind, sondern die sich öffnen für das Wunder, das mit der Taufe an ihnen geschehen ist. Selig hat Christus sie genannt, Salz der Erde, Licht für die Welt. Sie sind etwas Besonderes, diese Menschen, die sich auf ihre Taufe einlassen. Sie bewegen und sie lassen sich bewegen – von Gott.

Deine Eltern wünschen sich, dass auch Du zu einem so besonderen Menschen heranwächst. Dabei möchte Dir der Taufspruch helfen, den sich Deine Eltern für Dich ausgesucht haben:

> Wenn ich sehe die Himmel, Deiner Finger Werk,
> den Mond und die Sterne, die Du bereitet hast:
> was ist der Mensch, dass Du seiner gedenkst,
> und des Menschen Kind, dass Du Dich seiner
> annimmst? Du hast ihn wenig niedriger gemacht
> als Gott, mit Ehre und Herrlichkeit hast Du ihn
> gekrönt.
>
> Psalm 8,4-6

Lieber Adam, ich wünsche Dir, dass Deine Taufe heute der Beginn eines aufregenden und spannenden Lebens mit Gott ist.

Deine Pfarrerin

Weiße Kleider (Ostern) | 2. Tim 1,7

Liebe Luna,

die ersten Christen sind – so wie Du – an Ostern getauft worden. Als Zeichen des Neuanfangs haben sie sich nach ihrer Taufe weiße Kleider angezogen, die sie eine Woche lang anhatten. Ich finde es eine schöne Symbolik, dass sie diese Kleider eine Woche lang getragen haben. Denn nach meiner eigenen Erfahrung mit weißen Blusen und Hosen und den Versuchen, sie nur halbwegs sauber über einen Tag zu retten, weiß ich: Diese weißen Kleider der Täuflinge dürften nach sieben Tagen nicht mehr ganz weiß gewesen sein. Sich durch die Taufe wie neugeboren zu fühlen, bedeutet offensichtlich nicht, von nun an unbefleckt durchs Leben zu gehen. Störfälle wird es immer geben. Wenn ich mich über mich selbst und die Flecken auf meinem Lebenskleid ärgere, dann möchte ich am liebsten schrubben und waschen, bis nichts mehr zu sehen ist. Das funktioniert schon bei manchen Flecken auf meiner Bluse nicht, erst recht nicht bei meinem Leben. Ich kann es versuchen – schon größere Geister als ich sind daran gescheitert.

Darüber kann ich mich ärgern, ich kann es aber auch tröstlich finden. Die Flecken zeigen mir, dass ich es nicht allein schaffe, es aber auch nicht allein schaffen muss. Denn die Flecken auf den weißen Kleidern der Täuflinge machten die Taufe nicht ungültig. Sicher, auch die frischgetauften Christen hätten sich lieber eine Woche lang rein weiß gezeigt. Aber gerade weil das nicht funktionierte, konnten sie entdecken, dass Gott sich von keinem Fleck und keinem Schmutz abhalten lässt, seine Menschen zu lieben.

Wir Menschen sind auch nach unserer Taufe darauf angewiesen, dass Gott uns erträgt mit unserem Leben, das tatsächlich keinem Reinheitstest standhält. Was mich tröstet ist: Auch im schmutzigsten Taufkleid findet sich noch ein Rest Weiß. Und selbst wenn wir das so nicht wahrnehmen können, wird Gott dieses Weiß für uns entdecken, mit seinem Blick der Liebe. Wo ich nur grau und dreckig sehen kann, da sieht Gott den winzigsten weißen Rest. Und manchmal wird mir im Rückblick auf mein Leben klar, dass ich dank Gottes liebevollem Blick auch meinen Flecken einen Sinn abgewinnen kann. Außerdem: Jeder Dreckspritzer ist eine Lebensversicherung gegen Arroganz und hilft, anderen Menschen gegenüber verständnisvoll zu sein.

Ich wünsche Dir, liebe Luna, dass Du Dich immer gern daran erinnerst, dass Du an Ostern getauft worden bist. Und ich hoffe, dass Du dann daran denkst, dass Dich nichts trennen kann von der Liebe Gottes, selbst wenn Du den einen oder anderen Flecken auf Deinem Lebenskleid entdecken solltest.

Und noch etwas: Deine Eltern haben Dir einen Taufspruch ausgesucht, der Dich an Deine Taufe erinnern soll.

> Denn Gott hat uns nicht gegeben den Geist der Furcht, sondern der Kraft und der Liebe und der Besonnenheit.
> 2.Timotheus 1,7

Deine Pfarrerin

Lieber Oscar,

Du weißt schon ziemlich genau, was Du einmal tun möchtest: Du willst Physik studieren und am berühmten wissenschaftlichen Institut CERN in der Schweiz forschen. Du interessierst Dich für Mathematik und Naturwissenschaften und stellst viele Fragen, die Deine Umwelt ganz schön ins Schwitzen bringen. In Deinem Nachdenken bist Du zu dem Ergebnis gekommen, dass es Gott gibt. Du hast in vielen Gesprächen herausgefunden, dass Glauben und wissenschaftliches Denken sich nicht ausschließen – im Gegenteil! Deshalb möchtest Du Dich auch gern taufen lassen. Als Taufspruch hast Du Dir zwei Verse aus Psalm 25 ausgesucht, die – wie ich finde – sehr gut zu Dir passen:

> HERR, zeige mir Deine Wege und lehre mich Deine Steige! Leite mich in Deiner Wahrheit und lehre mich! Denn Du bist der Gott, der mir hilft; täglich harre ich auf Dich.
>
> Psalm 25,4–5

Lieber Oscar, mich beeindruckt, wie neugierig Du bist und wie viel Energie Du aufbringst, um diese Welt zu erforschen. Noch mehr beeindruckt mich, welchen Taufspruch Du gewählt hast. Du hast Dir keinen geringeren Lehrer als Gott selbst ausgesucht: »Lehre mich«, sagst Du zu Gott. Das ist selbstbewusst und klug zugleich. Mich erinnert Deine Wahl an die Geschichte eines berühmten biblischen Königs, König Salomo, der sich Weisheit von Gott gewünscht hat und dafür von Gott reich belohnt wurde. Dein Taufspruch wird Dir helfen, Deinen Weg im Leben und in der Wissenschaft zu finden. Er wird Dich davor bewahren, überheblich zu werden, und Dir helfen, auch gegen Widerstände Deinen Weg zu finden.

So jung Du bist: Du hast doch schon erfahren, dass nicht alles im Leben leicht ist und Dir in den Schoß fällt. Querköpfe wie Du haben es nicht immer einfach mit sich und anderen. Aber denke immer daran, dass Gott Dich gewollt hat und dass er Dich nicht allein lässt. Er hat Dir Menschen geschenkt, die Dich lieb haben. Deine Mutter begleitet Dich seit dem Beginn Deines Lebens und Deine kleine Schwester himmelt Dich an. Du hast seit Deiner Geburt immer Menschen gefunden, die es gut mit Dir meinen. Durch sie hilft Dir Gott. Dein Taufspruch will Dir aber auch Mut machen, ganz direkt mit Gott zu sprechen. Du kannst beten und ihn fragen, was sein Weg für Dich sein soll. Gott hört Dein Gebet. Immer! Nicht zuletzt wird er Dir auch zeigen, wann Du zu einem Segen für andere werden kannst. Ein hohes Ziel der Forschung ist es ja, zum Wohl der Menschen nachzudenken.

Wohin auch immer Dein Lebensweg führen wird, ob zum CERN oder anderswohin: Du kannst Dich auf Gott verlassen. Deine Taufe heute ist Gottes festes Versprechen, dass er mit und um Dich ist. Dein Leben lang. Und darüber hinaus!

Vergiss das, bitte, nie!
Deine Pfarrerin

Lieber Christian,

es gibt Wünsche, die bezeichnen die Menschen als »fromme Wünsche«. Wenn Menschen so etwas sagen, dann haben sie meist nicht sehr viel Hoffnung, dass diese Wünsche Wirklichkeit werden können. Auf den ersten Blick könnte es so aussehen, als ob auch dem Taufspruch, den Deine Eltern für Dich ausgesucht haben, ein solches Schicksal beschieden ist.

Jeder, der Dich kennt, weiß schließlich, dass Du ganz schön sauer werden kannst und dann alles andere als beherrscht und bedacht bist. Der Christian, so wie wir ihn kennen und lieben, ein besonnener, ein einsichtiger Junge? Das passt doch wie Ketchup aufs Schokoladeneis! Doch was suchen da Deine Eltern für Dich aus? Ein Wort aus dem biblischen Buch der Sprüche:

> Denn Weisheit wird in Dein Herz eingehen,
> und Erkenntnis wird Deiner Seele lieblich sein.
> Besonnenheit wird Dich bewahren und Einsicht
> Dich behüten.
>
> Sprüche 2,10–11

Ein frommer Wunsch? Weil Deine Eltern kluge Menschen sind, wissen sie ganz genau: Was für Menschen unmöglich scheint, das ist für Gott durchaus im Bereich des Denkbaren. Und Deine Eltern haben recht! Denn heute, bei Deiner Taufe, verspricht Gott Dir schließlich, dass er Dich mit seinem Heiligen Geist erfüllen will. Gott hat Dich so lieb, dass er Dir ganz nahe sein will, wie ein Atem, der Dich ganz erfüllt. Und warum sollte mit Gottes Atem, der in Dich strömt, nicht auch etwas von seiner göttlichen Weisheit und seiner Einsicht in Dich fließen?

Ich stelle mir das bei Dir ziemlich spannend vor: der aufbrausende Christian mit einer Prise göttlicher Weisheit, der wilde Junge mit einem Hauch göttlicher Einsicht und Erkenntnis. Das könnte eine aufregende Kombination werden, auf die die Welt sich freuen darf.

Ich wünsche Dir, lieber Christian, dass Du in Deinem Leben Lust gewinnst, diese Kombination genauer kennenzulernen, und Dich dabei auf die Suche nach diesem außergewöhnlichen Gott machst. Es ist eine Expedition, die Dich auch in Deine eigene Seele führen wird, eine Reise, die sich, das verspreche ich Dir, auf jeden Fall lohnt. Auf dieser Reise wirst Du den näher kennenlernen, der Dich von Beginn Deines Lebens an geliebt hat, der Dir heute, bei Deiner Taufe, seinen Heiligen Geist geschenkt hat und Dich mit Besonnenheit und Einsicht behüten will. Und das ist tatsächlich ein im besten Sinne des Wortes frommer Wunsch, nämlich im ursprünglichen Sinn des Wortes »fromm«. Das ist übrigens ein ganz besonderes Wort, welches es nur in der deutschen Sprache gibt und meint, dass ein Mensch in seinem Leben nach Gott sucht.

Das passt dann übrigens alles sehr gut zusammen. Vielleicht nicht so wie Ketchup und Schokoladeneis, aber doch wie Erdbeeren mit Pfeffer. Probiere das mal, es schmeckt!

Deine Pfarrerin

Zauber und Lächeln | Jes 9,2

Liebe Paula,

weißt Du eigentlich, dass Du zaubern kannst? Du bist eine richtige Zauberkünstlerin. Zwar kannst Du – noch – keine Kaninchen aus dem Hut zaubern und Tauben verschwinden lassen, Du zersägst keine Jungfrauen oder verschwindest auf offener Bühne. Das wäre auch sehr schade, denn schließlich wollen wir alle noch länger mit Dir zu tun haben. Du bist eine Zauberin der besonderen Art: Du kannst nämlich lächeln, und Dein Lächeln zaubert ein Lächeln auf die Gesichter der Menschen, die Dich anschauen. Das habe ich selbst erlebt. Du hast mich angelächelt, und ich konnte gar nicht anders: Ich lächelte zurück. Man muss schon ausgesprochen miesepetrig sein, um bei Deinem Lächeln nicht zurückzulächeln. Ich habe überlegt, dass Dein Lächeln selbst die Antwort auf ein anderes, großes Lächeln ist: das Lächeln Gottes. Er hat Dich angeschaut, schon zu einem Zeitpunkt, als Deine Eltern Dich erst als Pünktchen auf dem Ultraschallbild erahnen konnten, und hat sich über Dich gefreut. Er hat Dich ins Leben gerufen und freut sich über Dich, über alles, was Du mit in diese Welt bringst an zauberischen Fähigkeiten: Du kannst Deine Eltern um den Finger wickeln, mit Deiner Schwester spielen und streiten, lernst jeden Tag ganz viele neue Wörter kennen und findest das Leben spannend. Gott freut sich über Deine Freude und lächelt Dich an. Deine Taufe heute ist sein Versprechen: Du bist eingehüllt in meine Freude, meine Liebe umgibt Dich – auch wenn es Dir einmal zum Weinen zumute ist. Und das passiert schon, denn nicht alle Zauberkünste gelingen auf Anhieb, und manchmal geht auch etwas schief. An Gottes Liebe zu Dir ändert das nichts, liebe Paula. Dazu passt Dein Taufspruch.

Du weckst lauten Jubel,
Du machst groß die Freude.

Jesaja 9,2

Weiterhin viel Freude an diesem zauberhaften Leben, gemeinsam mit den Menschen, die Dein Leben teilen und mit Gott, der es Dir geschenkt hat, wünscht Dir

Deine Pfarrerin

4 Taufbriefe, die auf ein Bibelwort bezogen sind

Lieber Lukas,

Dein Taufspruch steht am Anfang der Bibel.

> Solange die Erde steht, soll nicht aufhören Saat und Ernte, Frost und Hitze, Sommer und Winter, Tag und Nacht.
>
> 1. Mose 8,22

Als Gott diese Worte zu seinen Menschen sagte, da hatte er sich vorher so über sie geärgert, dass er fast bereute, die Menschen geschaffen zu haben. Doch aller Ärger konnte nichts daran ändern: Er hatte sie einfach lieb, seine Menschen. Deshalb verspricht er ihnen: Egal was ihr anstellt, ich halte mich an mein Versprechen. Als Zeichen für sein Versprechen setzt Gott den Regenbogen in die Wolken. Wenn die Menschen den Bogen sehen, sollen sie sich an Gottes Schwur erinnern: Ihr bekommt von mir, was ihr zum Leben braucht. Und dies, lieber Lukas, verspricht er heute auch Dir. Gott unterschreibt sein Versprechen an Dich, seine Unterschrift ist Deine Taufe. Mit jedem Wassertropfen, der heute auf Deinen Kopf fällt, mit den Worten, die ich spreche, gibt Dir Gott sein Wort auf seine Liebe.

Gott verspricht Dir nicht lebenslange Sonne. Es gibt auch Frost im Leben, und das ist gut so. Wenn Du alt genug bist, um Wein zu trinken, dann wirst Du lernen, dass der kostbarste Wein derjenige ist, dessen Trauben den ersten Frost überstanden haben. Auch Menschen werden reif durch Lebenszeiten, in denen sie eisige Tage überstehen müssen.

Wenn es um einen herum sehr kalt ist, spürt man deutlich, was wirklich wärmt. Lass Gottes Liebe wie einen warmen Sonnenstrahl in Dein Herz, Lukas, und Du wirst einen klaren Blick bekommen für die Menschen, die um Dich sind. Du wirst ernten, was Du gesät hast. Und wenn Du Freundschaft und Liebe säst, dann wird Gott Dir eine reiche Ernte schenken und Du wirst Menschen finden, die gern mit Dir zusammen sind. Mit ihnen kannst Du Freude teilen an jedem neuen Tag.

Alle Geschöpfe sind angewiesen auf das, was Gott ihnen versprochen hat, damit sie sich entfalten können. Auch Du sollst blühen wie eine wunderschöne Blume, in allen bunten Farben, die Dir gefallen, mit all Deiner Fantasie und Deinen Begabungen. Alles, was Du brauchst, um Deine Blütenblätter zu entfalten, das möchte Gott Dir schenken. Und er hält sein Versprechen, verlass Dich drauf.

Auch für Dich gibt es den Regenbogen. Und wenn Du an die Wassertropfen denkst, die Dir heute über den Kopf gelaufen sind, dann wirst Du in jedem Wassertropfen diesen Regenbogen entdecken. Ich bin mir sicher, dass Dir das gelingt!

Deine Pfarrerin

4. Mose 6,24–26 | Segen

Liebe Greta,

Deine Eltern haben als Taufspruch für Dich ein Segenswort aus dem Alten Testament ausgewählt.

> Der HERR segne Dich und behüte Dich;
> der HERR lasse sein Angesicht leuchten über Dir
> und sei Dir gnädig; der HERR hebe sein Angesicht über Dich und gebe Dir Frieden.
>
> 4. Mose 6,24–26

Dieser Segen ist wie die Einladung zu einem Tanz, einem Tanz im göttlichen Rhythmus. Auf Deinem Lebensweg mögest Du im göttlichen Rhythmus tanzen! Es ist ein Dreischritt:

> Der Herr behüte Dich.

So fängt es an: »Er segne Dich und behüte Dich.« Zuerst möge Gott Dich vor Dir selbst behüten. Wir Menschen haben die schlimme Angewohnheit, diesen göttlichen Rhythmus zerstampfen zu wollen. Gott behüte Dich davor, bewahre Dich vor allem, was zerstörerisch ist. Er behüte Dich auch vor Menschen, die es böse mit Dir meinen. Der Herr behüte Dich – er behüte Dich so, dass Deine Seele in guten und in bösen Lebenszeiten keinen Schaden nimmt.

> Der Herr lasse sein Angesicht leuchten über Dir
> und sei Dir gnädig.

Gott will über Dir leuchten, Greta. Mit einem Leuchten, das sich fortsetzt. Der Segen Gottes über Dir soll strahlen, sodass Du im Lächeln der Menschen, zuerst im Lächeln

Deiner Eltern, einen Abglanz des göttlichen Strahlens spüren kannst.

Der Herr hebe sein Angesicht über Dich und gebe Dir Frieden.

Gott will Dir nahekommen. Er hat ein Auge auf Dich. Sein Blick, der die Schöpfung umfasst, der Vergangenheit und Gegenwart in einem Augenblick der Ewigkeit verschmelzen lässt, der will auf Dich ein Auge haben. Er will sein leuchtendes Angesicht über Dich heben und Dir seinen Frieden schenken. Sein Friede ist ein besonderer Friede, auch wenn er mitten in der Dunkelheit nur wie ein zarter Lichtschein vernehmbar ist. Doch dieser Lichtschein schafft Frieden, verändert, verwandelt, verzaubert die Gegenwart, stellt Dich und Deine Familie, alle Menschen, die sich unter diesen Segen stellen, in den Frieden seines göttlichen Namens.

Weil Du in diesen Namen hineingetauft bist, darfst Du Dich auf diesen Segen verlassen. Du, Greta, bist getauft auf den Namen dieses Gottes, trägst seinen Namen. Das verbindet Dich mit allen Menschen, die wie Du diesen Segen empfangen. Du bist nicht allein! Mit Dir sehnen sich viele Menschen nach Gottes Frieden für die Welt. Manchmal scheint dieser Friede weit entfernt. Doch Dein Taufspruch, der ist wie ein leuchtendes Hoffnungszeichen, wie ein Licht in dunkler Zeit, ein Licht, das die Welt braucht.

Liebe Greta, ich wünsche Dir, dass Du Dein Leben in diesem göttlichen Rhythmus tanzt. Mögest Du dank dieses Segens leichten Fußes Deinen Lebensweg finden, mit der göttlichen Musik seines Segens in Deinem Ohr. Und mögest Du mit jedem Schritt spüren: Gott ist mir nahe!

Liebe Wanda,

Deine Eltern haben für Dich als Taufspruch Worte aus dem 23. Psalm ausgesucht.

> Der HERR ist mein Hirte,
> mir wird nichts mangeln.
>
> Psalm 23,1

»Gott ist ein Hirte – heißt das etwa, dass ich ein dummes Schaf bin?«, so könntest Du fragen. Keine Sorge, liebe Wanda, so ist das nicht gemeint. Der HERR ist mein Hirte, das bedeutet, dass Gott sich um Dich kümmert, wie ein guter Hirte sich um seine Herde kümmert. Tag und Nacht ist ein Hirte bei seinen Tieren. Er passt auf, dass sie sich nicht verlaufen und sorgt dafür, dass sie eine gute Weide finden. In der Hand trägt er einen Stab, mit dem er seine Schafe im Notfall verteidigen kann.

Der HERR ist Dein Hirte, Dir wird nichts mangeln – das heißt für Dich, liebe Wanda, dass Gott Tag und Nacht um Dich ist, sich um Dich sorgt und Dich behütet. Du bist in Gottes Augen etwas ganz Besonderes, sein geliebtes Menschenkind, und diese Liebe sollst Du in Deinem Leben spüren, daran soll es Dir nie fehlen.

Du spürst sie in der Liebe Deiner Eltern und Großeltern, in der Zuneigung Deiner Paten und Deiner Freundinnen und Freunde. Wir bitten Gott, dass Du auch in Deiner Kirchengemeinde gute Freunde finden wirst.

Die Schafe vertrauen ihrem guten Hirten, sie spüren, dass er es gut mit ihnen meint. Du darfst auch zu Gott Vertrauen haben. Sein Ohr ist immer offen für Dich, er hört Dich, wann immer Du mit ihm sprechen willst. Auch mitten in der Nacht, in jeder Sekunde Deines Lebens. Das verspricht er Dir heute mit Deiner Taufe.

Mit dem Wasser, das über Deinen Kopf fließt, mit den Worten, die gesprochen werden, gehörst Du zu Gottes Herde. Du darfst Dich mit Gott auf den Weg machen und schauen, auf welche Weide er Dich führt. Du wirst andere Menschen kennenlernen, die auch zu Gottes Herde gehören und sich freuen, dass Du nun auch dazugehörst. Und Du wirst, das wünsche ich Dir, sowohl an sonnigen als auch an regnerischen Tagen, sowohl auf grünen Wiesen als auch in schwierigem Gelände merken: Der HERR ist mein Hirte, mir wird nichts mangeln.

Deine Pfarrerin

Ps 27,1 | Mut

Lieber Joachim,

vor 3000 Jahren lebte ein König in Israel, der David hieß. Er war der größte König, den Israel je hatte, dabei war er klein von Statur. Er war mutig, aber er hatte auch immer wieder Angst. Er hatte Freunde, aber es gab auch viele Menschen, die ihn nicht mochten. Er betete zu Gott und tat doch immer wieder Dinge, die Gott verboten hatte. David musste in den Krieg ziehen, aber er blieb trotzdem ein feinsinniger Mensch und dichtete Lieder. Aus einem dieser Lieder stammt Dein Taufspruch.

> Der HERR ist mein Licht und mein Heil;
> vor wem sollte ich mich fürchten?
> Der HERR ist meines Lebens Kraft;
> vor wem sollte mir grauen?
>
> Psalm 27,1

Es kann gut sein, dass Du in Deinem Leben später einige Gemeinsamkeiten mit dem König David entdecken wirst. Vielleicht bist Du manchmal mutig und dann wieder ängstlich, ab und zu ein Feuerkopf und im nächsten Augenblick ganz empfindsam. Stell Dir vor, wie spannend es wäre, wenn Du dem König David begegnen könntest. Du könntest ihn fragen: »Wenn ich selbst Mut habe, wozu brauche ich dann noch Gott?« Und David würde antworten: »Lieber Joachim, nur dumme Menschen verlassen sich ganz allein auf sich. Da Du aber ein intelligenter Kerl bist, wirst Du bestimmt bald merken, dass man vom Beginn seines Lebens an auf andere Menschen angewiesen ist. Jeder Mensch braucht Liebe und Zärtlichkeit.« Du könntest David fragen: »Warum aber brauche ich Gott?« Und David antwortet: »Weil es Tage gibt, an denen man nicht weiß, welchen Lebensweg man

einschlagen soll, weil es Tiefen in einem selbst gibt, die man niemandem zeigen mag – nur Gott kann man sie anvertrauen. Weil Du Dich an jedem Tag Deines Lebens darauf verlassen kannst, dass Gott ein offenes Ohr für Dich hat.«
Ich stelle mir vor, wie Dir der mächtige König David erzählt: »Auch die mutigsten und stärksten Menschen kennen verzagte und ängstliche Tage. Wenn Du stark bist und wenn Du schwach bist, kannst Du Dich auf Gott verlassen.«

Auch für König David wäre es spannend, Dich kennenzulernen. Du könntest ihm von Deinem Leben erzählen und von dem, was Menschen in den letzten 2000 Jahren alles erfunden haben. Ihr würdet miteinander entdecken, dass sich trotz aller Veränderungen nichts an den grundsätzlichen menschlichen Erfahrungen geändert hat. Und nichts daran, dass Gott in allem zu uns hält.

So könntet Ihr zwei, König David und Du, Euch einig sein: Der Herr ist unser Licht und unser Heil – vor wem sollten wir uns fürchten!

Deine Pfarrerin

Ps 27,1 | Mut

Liebe Kathrin,

Deine Eltern haben sich gut überlegt, welchen Taufspruch Du bekommen sollst. Dein Taufspruch soll Dir ja später auch gefallen und Dich in Deinem Leben begleiten. Schließlich haben Deine Eltern im 27. Psalm ein schönes Wort für Dich gefunden:

> Der HERR ist mein Licht und mein Heil;
> vor wem sollte ich mich fürchten?
> Der HERR ist meines Lebens Kraft;
> vor wem sollte mir grauen?
>
> Psalm 27,1

Du könntest nun fragen: »Wenn ich selbst Mut habe, wozu brauche ich dann noch Gott?« Liebe Kathrin, nur dumme Menschen verlassen sich ganz allein auf sich. Da Du aber ein kluges Mädchen bist, wirst Du bestimmt bald merken, dass man vom Beginn seines Lebens an auf andere Menschen angewiesen ist. Jeder Mensch braucht Liebe und Zärtlichkeit, jeder Mensch braucht jemanden, der zuhören kann, jeder Mensch braucht Spielgefährten. Und jeder Mensch braucht Gott. Weil es Tage gibt, an denen man nicht weiß, welchen Lebensweg man einschlagen soll. Weil es Tiefen in einem selbst gibt, die man niemandem zeigen mag – nur Gott kann man sie anvertrauen. Weil es schön ist, dass es immer ein offenes Ohr gibt, wenn Du beten willst. Außerdem kennen auch die mutigsten und stärksten Mädchen und Frauen verzagte und ängstliche Zeiten. Wenn Du stark bist und wenn Du schwach bist, kannst Du Dich auf Gott verlassen. Mit dem Wasser der Taufe hat er sich untrennbar mit Dir verbunden. Als Zeichen dafür wurde heute Deine Taufkerze an der Osterkerze angezündet. Du kannst diese

Taufkerze jederzeit anzünden und Dich daran erinnern. Was auch immer in Deinem Leben geschehen mag: Du kannst niemals tiefer fallen als in Gottes Hände.

Liebe Kathrin, ich wünsche Dir, dass Du das immer wieder in Deinem Leben spürst!

Deine Pfarrerin

Ps 49,4 | Weisheit

Lieber Nils,

Du merkst es schon als Kleinkind: Wenn man etwas unbedingt haben will, ein Spielzeug, eine schöne Blume, ein Stück Schokolade, dann tut man alles, um es zu bekommen. Selbst wenn Dir die Erwachsenen das begehrte Objekt in weite Ferne rücken, krabbelst Du unbeirrt weiter – und oft genug hast Du damit Erfolg. Später wirst Du andere Dinge haben wollen. Und Du wirst erkennen, dass Du Dein Ziel erreichst, wenn Du entschlossen Deinen Weg gehst.

Jetzt ist es so, dass wir Menschen oft unbedingt Dinge haben wollen, die gar nicht so gut für uns sind. Deine Eltern haben schon ihre Gründe, wenn sie gefährliche Gegenstände außer Reichweite stellen. Doch wer steht uns bei, wenn wir als Erwachsene etwas unbedingt wollen, das nicht gut für uns ist?

In vielen Märchen wird erzählt, dass eine gute Fee einem Menschen drei Wünsche erfüllt. Der Mensch wünscht sich meistens Geld und ein schönes Haus. Am dritten Wunsch entscheidet sich dann alles. Wünscht er sich als drittes Gold oder Diamanten, dann ist die Fee traurig. Sie weiß, dass der Mensch mit Geld allein nicht glücklich wird. Wählt er aber Weisheit oder kluge Gedanken, dann wird alles gut. Die Weisheit hilft ihm, klug den richtigen Weg zu gehen. Er wird wissen, dass Geld nicht alles ist, dass es wichtigere Dinge im Leben gibt: zum Beispiel die Liebe zu Gott und den Mitmenschen. Nicht zuletzt hilft die Weisheit dem Menschen, mit seinem Besitz klug umzugehen. Er wird ihn weder verschwenden noch geizig an sich raffen, sondern auch an andere denken, denen es weniger gut geht als ihm.

Ich finde, Weisheit ist ein Geschenk Gottes. Weil Deine Eltern das wissen, haben sie Dir einen sehr schönen Taufspruch ausgesucht.

> Mein Mund soll Weisheit reden,
> und was mein Herz sagt, soll verständig sein.
> Psalm 49,4

Wenn Du in Deinem Leben so eifrig nach der Weisheit Gottes suchst wie heute als kleines Kind nach Deinem Spielzeug, dann wirst Du sie finden. Und Du wirst wunderbarerweise immer genug zum Leben haben, auch für andere Menschen. Wenn Du die Weisheit liebst, wird sich nämlich vieles andere wie von selbst ergeben. Du wirst klug entscheiden können, für welche Menschen und Dinge Du Deine Energien einsetzen willst. An den Scheidewegen und Kreuzungen Deines Lebens wirst Du den richtigen, guten Weg für Dich herausfinden. Mit der Weisheit Gottes suchst und liebst Du das kostbarste Gut, das wir Menschen gewinnen können.

Ich wünsche Dir ein spannendes und interessantes Leben auf der Suche nach Gott und seiner Weisheit. Ich bin mir sicher: Wenn Du sie suchst, wirst Du sie finden.

Deine Pfarrerin

Ps 91,11 | Unter Gottes Schutz

Liebe Cornelia,

weil Du bei Deiner Taufe noch zu klein bist, um Dich später bewusst erinnern zu können, schreibe ich Dir diesen Brief.

Du, liebe Cornelia, bist die Freude und das Glück Deiner Eltern. Sie freuen sich darüber, dass Du ein gesundes und quicklebendiges kleines Mädchen bist.

Die Liebe Deiner Eltern begleitet Dich. Du bist willkommen, Cornelia, bei Deiner Familie, Deinen Patinnen und Paten und auch in Deiner evangelischen Gemeinde. Da sind viele Menschen, die Dir zur Seite stehen. Auch Gott begleitet Dich auf Deinem Lebensweg. Er ist wie ein Freund, dem Du alles sagen kannst, was Dir auf dem Herzen liegt. Ihm kannst Du vertrauen wie einem liebevollen Vater und einer warmherzigen Mutter.

Du kannst sicher sein: Gott hört Dich, wenn Du mit ihm reden willst. Daran glauben Deine Eltern, und diesen Glauben möchten sie auch an Dich weitergeben. Als Zeichen dafür wurde Deine Taufkerze an der Osterkerze angezündet. Das Licht, das durch Jesus Christus in die Welt gekommen ist, soll nun auch Dein Leben hell und freundlich machen. Vielleicht denkst Du später einmal daran, wenn die Taufkerze Deines Kindes angezündet wird? Aber bis dahin hast Du noch viel Zeit …

Deine Eltern wünschen sich, dass Gott Dich beschützt. Deshalb haben wir als Taufspruch für Dich ein Wort aus dem 91. Psalm ausgewählt:

Denn er hat seinen Engeln befohlen, dass sie Dich behüten auf allen Deinen Wegen.
Psalm 91,11

Gott wird nicht verhindern, dass Du Dir so manche Beule holst, Deine Knie aufschürfst, eine Fünf in der Klassenarbeit nach Hause bringst und Liebeskummer bekommst. Aber er will Dich so behüten, dass Du auf guten und auf schwierigen Wegen ein Mensch mit einem guten Herzen bleibst, dem die bösen Seiten der Welt nichts anhaben können. Liebe Cornelia, ich wünsche mir für Dich, dass das in Erfüllung geht. Ich wünsche mir, dass Du ein Mensch wirst, der lieben kann, so wie Du geliebt wirst, der geben kann, so wie Dir viel gegeben wurde, und der – behütet von Gott – sich zuversichtlich und freudig auf seinen Lebensweg machen kann.

Deine Pfarrerin

Ps 139,5 | Umgeben von Gottes Liebe

Liebe Ulrike,

Du hast meistens gute Laune und lächelst so schön, dass einem das Herz aufgehen will vor Freude über Dich. Manchmal kannst Du zwar unglaublich ärgerlich werden, aber das geht schnell vorbei. Du bist ein rundum gesundes kleines Mädchen. Trotzdem brauchst Du eine Medizin, die jeder Mensch, auch das gesündeste Kind, braucht, um groß und stark zu werden. Diese Medizin heißt Liebe. Es ist eine Medizin, die häufig viel besser hilft als Pillen und Hustensaft. Bei Deiner Taufe verspricht Dir Gott: Ich wasche alles weg, was Dich von meiner Liebe trennen will. Du, Ulrike, bist ein von mir unendlich geliebtes Kind, und nichts und niemand wird Dich von mir trennen können.

Diese Liebe Gottes erfährst Du jeden Tag! Wenn Deine Mutter und Dein Vater Dich in den Arm nehmen, küssen und streicheln, dann leuchtet in ihrer Liebe die Liebe Gottes auf. Hoffentlich wirst Du in Deinem Leben immer wieder spüren, wie die Liebe Gottes Dich umgibt.

Diese Liebe Gottes umfängt Dein ganzes Leben. Gott kannte Dich schon, als Du im Bauch Deiner Mutter gewachsen bist. Er trägt Dich während Deines ganzen Lebens, und wenn Du irgendwann einmal sterben wirst – weil jeder Mensch einmal sterben muss –, bleibst Du auch dann in Gottes Hand geborgen.

Es gibt einen Psalm in der Bibel, der diese Gedanken wunderbar beschreibt. Es ist der 139. Psalm, und Deine Eltern haben einen Vers aus diesem Psalm als Taufspruch für Dich ausgesucht. Ich glaube, sie wünschen sich, dass Du, Ulrike, in Deinem ganzen Leben glauben und bekennen kannst:

> Von allen Seiten umgibst Du mich und
> hältst Deine Hand über mir.
> Psalm 139,5

Was Deine Eltern Dir wünschen, das wünsche ich Dir auch!

Deine Pfarrerin

Jes 61,10 | Ein neues Kleid

Lieber Zacharias,

Kleider machen Leute, sagt ein Sprichwort. In der Tat: Ein gut geschnittenes Kleid betont einen schönen Körper und wird kleine Pölsterchen geschickt kaschieren. Wenn ein Gewand passt wie eine zweite Haut, wird sich ein Mensch wohl darin fühlen, manchmal wie verwandelt. Doch dem Zauber der Kleider sind Grenzen gesetzt. Kein Abendkleid macht aus einer unzufriedenen Frau eine fröhliche Dame, kein Anzug aus einem missgünstigen Mann einen großzügigen Herrn. Mag sein, dass es Menschen sogar gelingt, durch ihre Kleider anderen etwas vorzuspielen, sodass sie vornehmer, reicher, schöner wirken, als sie eigentlich sind. Doch Einen können sie auch mit der wunderbarsten Robe nicht hinters Licht führen. Gott schaut hinter jede Fassade und weiß, wie es im Herzen eines Menschen aussieht.

Vor Gott können Menschen sich nicht verkleiden, sie brauchen es aber auch nicht. Denn Gott stellt sie nicht bloß, auch wenn er ihre seelischen und körperlichen Schönheitsfehler ganz genau kennt. Gott liebt ja seine Menschen. Er liebt sie so, dass er eine eigene Kollektion für sie entworfen hat. Es sind besondere Kleider – Motten können ihnen nichts anhaben, sie sind zeitlos modern. Es sind unsichtbare Kleider, doch ihnen gelingt etwas, was sonst keiner Mode gelingt: Sie verzaubern und verwandeln die Menschen von innen, sodass sie richtig fröhlich werden, aus ihrem Herzen. Dein Taufspruch aus dem Buch des Propheten Jesaja erzählt von der Wirkung dieser göttlichen Kollektion:

Ich freue mich im HERRN, und meine Seele ist fröhlich in meinem Gott; denn er hat mir die Kleider des Heils angezogen und mich mit dem Mantel der Gerechtigkeit gekleidet.

Jesaja 61,10

Heute bei Deiner Taufe wurde Dir ein göttliches Zauberkleid angezogen, lieber Zacharias. Gott hat Dich in den Mantel der Gerechtigkeit gekleidet, weil Du von nun an untrennbar zu ihm gehörst – auch mit Deinen Fehlern und dem, was Du vielleicht nicht so an Dir magst und schön findest. Bekleidet mit dem Mantel der Gerechtigkeit wirst Du hoffentlich auch sensibel spüren, wenn Menschen ungerecht behandelt werden. Gott wünscht keine Ungerechtigkeit, sondern Gerechtigkeit für alle Menschen. Tritt mutig dafür ein! Du trägst ja die Kleider des Heils! Was auch immer in Deinem Leben geschehen mag: Schönes und Schweres, Fröhliches und Leidvolles – in den Kleidern des Heils soll Deine Seele keinen Schaden erleiden.

Das Beste an Gottes Kleidern ist: Sie wachsen mit Dir, sie werden Dir nicht zu klein und halten alle Strapazen aus. Sie werden Dir auch noch passen, wenn Du vielleicht einmal in vielen Jahren Dein eigenes Kind zur Taufe bringen wirst.

Viel Spaß beim Anprobieren wünscht Dir Deine Pfarrerin

Liebe Yanna,

die meisten Leute sind auf irgendetwas stolz, manche leider regelrecht eingebildet. Die einen sind stolz darauf, dass sie viel wissen. Die anderen bilden sich etwas auf ihre Schönheit ein. Manche meinen, sie wären besser als andere, weil sie viel Geld haben, und wieder andere sind sehr von sich überzeugt, weil sie ein großes Auto fahren.

Es stimmt schon: Nicht alle Menschen sind gleich, und deshalb ist es ganz normal, dass manche schöner sind als andere, einige klüger, andere stärker oder reicher. Gott findet es aber ziemlich lächerlich, wenn Menschen sich darauf etwas einbilden. Er liebt die klugen und die hässlichen, die starken und die schwachen, die schönen und die dummen Menschen. Und wenn Gott seine Menschen liebt, genauso wie sie sind, dann ist es wirklich eingebildet, wenn einer sich für etwas Besonderes hält.

Das finden Deine Eltern auch, und deshalb haben sie Dir einen weisen Taufspruch aus dem Buch des Propheten Jeremia ausgesucht. Dort heißt es:

> Ein Weiser rühme sich nicht seiner Weisheit,
> ein Starker rühme sich nicht seiner Stärke,
> ein Reicher rühme sich nicht seines Reichtums.
> Sondern wer sich rühmen will, der rühme sich
> dessen, dass er klug sei und mich kenne, dass
> ich der HERR bin, der Barmherzigkeit, Recht
> und Gerechtigkeit übt auf Erden.
>
> Jeremia 9,22–23

Ich wünsche Dir, Yanna, dass Du zu so einem weisen Menschen heranwächst. Mit Deiner Taufe heute ist Dir die Weisheit der Liebe Gottes wie ein Samenkorn ins Herz gepflanzt. Sein Heiliger Geist lebt nun in Dir, und er hilft Dir, Gottes Worte zu verstehen, wenn Du in der Bibel liest, über Gott nachdenkst oder mit anderen Menschen über Gott sprichst.

Gottes Heiliger Geist will Dir außerdem einen klaren Kopf schenken. Mit klarem Kopf wird es Dir äußerst lächerlich vorkommen, wenn sich jemand etwas auf seine Schönheit oder auf sein Geld einbildet. Du hast etwas viel Besseres zu bieten: Gottes Liebe und Nähe! Doch darauf bildet man sich nichts ein, darauf ist man nicht stolz, darüber freut man sich einfach.

Nur dumme, geistlose Leute blähen sich auf wie ein Luftballon. Möge der Heilige Geist verhindern, dass Du so dumm bist. Denn wenn man in den Luftballon mit einer Nadel hineinsticht, dann entweicht die Luft mit einem Knall und zurück bleibt eine schlaffe Hülle.

Ich wünsche Dir, dass der Heilige Geist Dich klug werden lässt und Du merkst: Einbildung ist geistlos. Statt sich über andere zu erheben, kann man mit ihnen spielen und reden und so gute Freunde gewinnen. Was Du nicht kannst, das können sie und umgekehrt. Gerade so werdet Ihr einander bereichern. Und wenn es einem anderen Menschen schlechter geht als Dir, dann ist es in Gottes Sinne, dass Du ihm hilfst.

Liebe Yanna, ich bin schon ganz gespannt darauf, wie das Samenkorn der Weisheit wächst, das heute durch Deine Taufe in Dein Herz gepflanzt wurde, und wie sich Dein Baum der Weisheit Gottes einmal entwickeln wird.

Deine Pfarrerin

Liebe Emma,

Deine Eltern haben sich für Dich ein Wort aus dem Buch des Propheten Hosea ausgesucht.

> Die Wege des Herrn sind richtig,
> und die Gerechten wandeln darauf.
>
> Hosea 14,10

Der Beginn Deines Lebenswegs war für Dich Deine Geburt. Doch eigentlich begann alles viel früher, nämlich als Deine Eltern beschlossen haben, ihre Lebenswege miteinander zu verbinden. Sie haben sich alles gut überlegt und schließlich entschieden: Wir passen zueinander, wir lieben uns, ja, wir haben so viel Liebe, dass diese Liebe ausreicht für einen gemeinsamen Lebensweg und darüber hinaus für ein kleines Menschenwesen, für Dich, Emma. Du bist ein geliebtes Kind, auf das sich Deine Eltern sehr gefreut haben. Dein Lebensweg beginnt mit der Liebe Deiner Eltern.

Wenn Du willst, kannst Du noch weiter zurückblicken. Da gibt es noch einen früheren Anfang. Nämlich den, an dem Deine Eltern entstanden sind, und davor noch einen Anfang, nämlich die Geburt ihrer Eltern und so weiter. So unterschiedlich alle Deine Vorfahren sind – sie haben alle etwas gemeinsam. Über jedem ihrer Lebenswege steht ein Ja, ein liebevolles Ja. Es ist Gottes Ja zu seinen Menschen, das auch Du heute spürbar und sichtbar durch die Taufe erfahren hast. So wie Dein Taufkleid von Deiner Mutter an Dich weitergegeben wird und eines Tages – wer weiß? – vielleicht an Dein Kind, so setzt sich die Liebe Gottes fort, bahnt sich ihren Weg. Sein Weg, der Weg der Liebe, ist ein richtiger, ein guter Weg, ein Weg, der trägt.

Deine Eltern wünschen sich, dass Du das auf Deinem Lebensweg spürst. Dein Weg mag ein ungewöhnlicher sein, ein von außen betrachtet krummer Weg, ja sogar einer mit Umwegen. Ich bin ganz sicher: Wenn Du Deinen Weg aufrecht, mit ehrlichen Gedanken und mit Liebe im Herzen gehst, wird es ein guter Weg sein. Ein Weg, den Du mit Gott gehst. Und Gott wird auf Deinem Weg mit Dir sein.

Mache Dich mutig auf Deinen Lebensweg, liebe Emma. Und bleibe auf diesem Lebensweg ein so zufriedener, ruhiger und gelassener Mensch, wie Du es heute als Baby bist.

Das wünscht Dir Deine Pfarrerin

Mt 5,6 | Gerechtigkeit

Lieber Tom,

Dein Taufspruch steht im Matthäusevangelium:

> Selig sind, die da hungert und dürstet nach der Gerechtigkeit; denn sie sollen satt werden.
>
> Matthäus 5,6

Dein Taufspruch könnte auch der Wahlspruch einer Rechtsschutzversicherung sein. Satt werden in diesem Fall die Aktieninhaber der Gesellschaft. Ob der Durst der Prozesswütigen nach Gerechtigkeit nach dem verkündeten Urteil gestillt ist, wird von Fall zu Fall verschieden sein. Die Aktenberge in deutschen Gerichten sprechen eher von einem sich unendlich fortsetzenden Verlangen. »Ich will mein gutes Recht!«, schimpfen die Menschen.

Was ist das gute Recht, was ist die gute Gerechtigkeit? Je nach Rechtssystem gibt es da verschiedene Antworten. Dein Taufspruch spricht von einer einzigartigen Gerechtigkeit: von der Gerechtigkeit Gottes.

Die, die da hungern und dürsten, die sehnen sich nicht nach persönlicher Befriedigung, sondern nach einer Welt, die von Gottes Gerechtigkeit beherrscht wird. Das ist ein großer Unterschied zu weltlicher Gerechtigkeit. Gott teilt aus, wie er es für richtig hält. Und Gott hat oft genug andere Vorstellungen als wir Menschen. Deshalb lässt sich die Gerechtigkeit Gottes nicht in bürgerliche Gesetzbücher fassen. Aber von ihr lässt sich erzählen. Das hat Jesus getan, zum Beispiel im Gleichnis von den Arbeitern im Weinberg. Der Herr des Weinbergs stellt einen ganzen Tag lang von morgens bis abends Arbeiter ein. Am Ende des Tages bekommen alle den gleichen Lohn – auch die, die nur eine Stunde gearbeitet haben. Das finden die nicht gerecht, die den ganzen Tag dabei gewesen sind. Doch der Herr weist darauf hin: Es ist sein gutes Recht, den Lohn zuzuteilen, wie er es gerecht findet.

Oft genug werden wir uns an Gottes Vorstellungen von Gerechtigkeit reiben. Auch Dir wird es so gehen, Tom. Gott macht es Dir nicht einfach, seine Gedanken bleiben rätselhaft. Sich nach seiner Gerechtigkeit sehnen – das heißt auch, auf eigene Vorteile verzichten, wenn es der Liebe dient. Gottes Gerechtigkeit ist eine Gerechtigkeit der Liebe. Davon hat uns Jesus erzählt. Damit Du und ich, damit alle Menschen verstehen: Wenn Gottes Gerechtigkeit auf der ganzen Welt verwirklicht ist, dann wird es eine ganz und gar liebevolle Welt sein. Oder anders gesagt: der Himmel auf Erden.

Sich nach diesem Himmel auf Erden zu sehen, danach zu hungern und zu dürsten, das ist wirklich ein lohnendes Lebensmotto – ein recht anspruchsvolles dazu. Selig oder glücklich bist Du zu nennen, wenn es Dir gelingt, nach Gottes Gerechtigkeit zu hungern und zu dürsten. Die wenigsten Prozessfanatiker gehen glücklich aus dem Gerichtssaal.

Ich wünsche Dir, dass Du den besseren Weg gehst, und dass Du in Deinem Leben erfährst, was Dir Dein Taufspruch verspricht.

Deine Pfarrerin

Liebe Sabine,

der Taufspruch, den Deine Eltern für Dich ausgesucht haben, steht im Markusevangelium. Jesus sagt:

> Alle Dinge sind möglich dem, der da glaubt.
> Markus 9,23

Dein Taufspruch ist ein Spruch für Kinder, denn Kinder verstehen ihn besser als Erwachsene. Kinder können die Arme ausbreiten und sind dann Flugzeuge oder Vögel. Kinder bauen mit Schrubber und Decken ein Zelt und sind dann Indianer. Kinder wissen, dass Zaubern möglich ist und dass es mehr Dinge zwischen Himmel und Erde gibt, als das, was man sieht. Natürlich wissen Kinder auch, dass eigentlich alles möglich ist, wenn man daran glaubt. Erwachsene verlernen dies leider sehr schnell. Sie möchten hinter Deinen Taufspruch gern ein ABER schreiben: »Sicher, alle Dinge sind möglich dem, der da glaubt, aber ...« Dann fällt den Erwachsenen viel ein, was sie hinter das Aber setzen können. Lauter Begründungen, die Deinen schönen Taufspruch ausheben.

Ich wünsche mir, dass Du nach Deinem Taufspruch nicht Aber sagst, sondern: »Das ist ja wunderbar. Danke Gott!« Denn es ist doch wirklich ein Wunder, dass Gott uns so viele Möglichkeiten eröffnet: Alles ist möglich. Die ganze Welt liegt vor Dir und der Himmel noch dazu. Gott möchte Dich an der Hand nehmen und Dir alles zeigen, was Dein Leben schön, interessant und spannend machen kann. Mag sein, dass es manchmal so aussieht, als ob ein Problem wie ein Berg vor Dir steht. An Gottes Hand wirst Du merken, dass der Glaube schon so manchen Berg versetzt hat. Mir fällt wirklich nichts ein, dass mit Gottes Hilfe nicht gemeistert werden könnte. Da kann Jesus mit Fug und Recht sagen: »Alle Dinge sind möglich dem, der da glaubt.« »Auch zaubern und fliegen? Klappt das dann auch?«, könntest Du fragen. Liebe Sabine, ich weiß genau, dass jedes Lächeln von Dir Deine Eltern verzaubert. Und wenn Du in 14 Jahren konfirmiert wirst, dann wird es Deinen Eltern scheinen, als ob die Zeit im Flug vergangen wäre. Bis dahin probe schon mal mit Deiner Schaukel, wie schön es sein kann, ganz hoch zu fliegen. Einer ist immer bei Dir, beim Zaubern und beim Fliegen, bei jedem Atemzug. Es ist Dein Gott, auf dessen Namen Du heute getauft worden bist, Dein Gott, der Dich lieb hat und Dir seine Hand reicht. Glaub mir, wenn Du ihn lieb gewinnst, dann wird Dir jeder Tag zeigen, dass Du mit Deinem Gott über Mauern springen kannst.

Deine Pfarrerin

Lk 11,9–10 | Bitten

Lieber Richard,

Du bist ein aufgeweckter kleiner Kerl und kannst heute schon prima Dein Köpfchen selbst hochhalten. Bald wirst Du Deine Umgebung krabbelnd erkunden, und in einem Jahr wirst Du bestimmt schon Deine ersten Schritte gehen. Deine Eltern werden Dir auf Deinem Weg im Leben beistehen. Sie geben Dir alles, was Du brauchst und erfüllen Deine Wünsche, wenn es sinnvoll für Dich ist. Dabei wirst Du bald merken, dass Deine Eltern und Du manchmal unterschiedliche Vorstellungen haben von dem, was gut für Dich ist. Sie werden Dir wahrscheinlich nicht fünf Portionen Eis am Tag genehmigen, auch wenn Du noch so sehr darum bittest. Solange Du noch nicht erwachsen bist, haben sie meist den besseren Überblick und wissen, dass sie manche Bitte besser nicht erfüllen, weil Du sonst Bauchschmerzen bekommst. Trotzdem wirst Du spüren: Deine Eltern haben Dich lieb, sie sorgen für Dich, Du kannst Dich auf sie verlassen. Denn sie achten auf Dich und nehmen Dich ernst, auch wenn sie Deine Wünsche nicht oder anders erfüllen, als Du es Dir ursprünglich vorgestellt hast.

Gott kannst Du genauso bitten wie Deine Eltern. Und auch er wird auf Dich achten und Deine Bitten hören. Das verspricht es Dir heute mit Deiner Taufe. Er wünscht sich sogar, dass Du Dich bei ihm für Dich und Deine Wünsche einsetzt. Er möchte keine Christen, die die Hände schlaff in den Schoß legen und alles so nehmen, wie es kommt, sondern er will mutige Jungs und Mädchen, die ihm sagen, was sie brauchen, die ihn bitten und bei ihm anklopfen.

Das sagt Dir auch der Taufspruch, den Deine Eltern für Dich ausgesucht haben. Jesus Christus sagt:

> Bittet, so wird euch gegeben;
> suchet, so werdet ihr finden;
> klopfet an, so wird euch aufgetan.
> Denn wer da bittet, der empfängt;
> und wer da suchet, der findet;
> und wer da anklopft, dem wird aufgetan.
> Lukas 11,9–10

Durch Deine Taufe bist Du ein Kind Gottes. Und Du darfst zu Gott so offen und vertrauensvoll sprechen wie zu Deinem Vater und zu Deiner Mutter. Gott nimmt Dich ernst. Wenn Du ihn suchst, wirst Du ihn finden. Wenn Du bei ihm anklopfst, wird er offen für Dich sein. Wenn Du ihn bittest, wird er Deine Hände füllen. Gott wird Dich beschenken, vielleicht anders, als Du es Dir ursprünglich gewünscht hast, aber beschenken wird er Dich auf jeden Fall!

Ich wünsche mir, dass Du das immer wieder spürst. Wir alle bitten Gott für Dich, dass Du zu einem fröhlichen und mutigen Christenmenschen heranwächst, der Freude und Spaß am Leben hat. Du darfst jedenfalls immer sicher sein: Dein Gott geht mit Dir auf Deinem Lebensweg und hört Dich, wenn Du ihn rufst.

Deine Pfarrerin

Joh 8,12 | Licht des Lebens

Lieber Hans,

Du bist ein richtiger kleiner Sonnenschein für Deine Eltern und die Menschen, die Dir begegnen. Mit Deinem Lächeln bringst Du ein Leuchten in die Welt. Dein Lächeln ist ansteckend! Ich wünsche mir, dass Du in Deinem ganzen Leben immer ein Licht der Freude für Dich und andere Menschen sein wirst.

Deine Eltern haben für Dich Sonnenschein einen Taufspruch aus dem Johannesevangelium ausgesucht. Jesus sagt dort:

> Ich bin das Licht der Welt. Wer mir nachfolgt, der wird nicht wandeln in der Finsternis, sondern wird das Licht des Lebens haben.
>
> Johannes 8,12

Jesus Christus ist das Licht der Welt. Heute, bei Deiner Taufe, wurde Deine Taufkerze an der Osterkerze angezündet. Das ist ein Zeichen dafür, dass Du die Energie für Dein Lebenslicht aus der göttlichen Quelle schöpfen darfst. Menschen, die sich nur auf ihre eigenen Kräfte verlassen, deren Licht kann schnell sehr schwach werden. Sie verzehren sich selbst, so wie sich das Wachs einer Kerze verzehrt.

Du gehörst durch Deine Taufe zu Jesus Christus. Jesus verspricht Dir, dass Du auf Deinem Lebensweg nicht im Dunkeln tappen musst. Dein Lebenslicht leuchtet aus seiner Kraft. Das wird Dir zugleich helfen, Dich in Deinem Leben zu orientieren. Wenn Du mit Jesus Deinen Lebensweg gehst, wird es hell um Dich sein. Wunderbarerweise wirst Du dadurch zu einem Segen für andere Menschen. Denn dieses Licht, das Jesus in Deinem Leben erstrahlen lässt, das springt wie ein Lächeln auf Menschen über. Liebe wird nicht weniger, sondern mehr, wenn man sie verschenkt.

Das Licht der Liebe Gottes macht Menschen fröhlich. Du entdeckst es in Menschen, die wie Du vom Licht Gottes getragen sind. Zuerst in Deinen Eltern und Deinem Paten, dann auch bei den Menschen hier in Deiner Kirchengemeinde.

Gott wünscht sich, dass wir das Licht weiterschenken, das wir empfangen haben. Wir Menschen brauchen einander – als Hilfe und Trost, als Bereicherung und damit wir Freude am Leben haben können. In Deiner Familie und in Deiner Gemeinde findest Du Menschen, die Dir so begegnen wollen: als Freunde auf Deinem Lebensweg. Dadurch wird Dein Leben hell und freundlich. Es leuchtet im Licht der Liebe Gottes, und dieses Licht scheint selbst durch die Regenwolken, die es in jedem Leben von Zeit zu Zeit gibt.

Ich wünsche Dir, lieber Hans, dass Du das Licht der Liebe Gottes in den Menschen entdeckst, die Dir begegnen. Und ich freue mich darüber, dass Du einen neuen Schein in unsere Gemeinde bringst.

Deine Pfarrerin

Liebe Barbara,

Dein Taufspruch ist ein Wort des Apostels Paulus:

> Denn ich bin gewiss, dass weder Tod noch Leben,
> weder Engel noch Mächte noch Gewalten,
> weder Gegenwärtiges noch Zukünftiges,
> weder Hohes noch Tiefes noch irgendeine
> andere Kreatur uns scheiden kann von der
> Liebe Gottes, die in Christus Jesus ist,
> unserem Herrn.
>
> Römer 8,38-39

Was heute geschieht, ist im wahrsten Sinne des Wortes einmalig. Du wirst getauft, Barbara. Vieles im Leben kann man wiederholen, manche Entscheidungen bereut man und widerruft sie (und das kann manchmal gut sein) – Deine Taufe aber kannst Du weder widerrufen noch wiederholen. Und das ist mit Sicherheit auch gut so. Heute verspricht Dir Gott etwas, was er nie wieder zurücknehmen wird. Und völlig unabhängig davon, wie Du persönlich Dein Leben gestaltest, auf allen Wegen, die Du in Deinem Leben gehen wirst – sein Versprechen gilt. Du gehörst zu mir, sagt Gott. Mit dem Wasser, das über Deinen Kopf fließt, mit den Worten, die Du hörst: »Ich taufe Dich im Namen des Vaters und des Sohnes und des Heiligen Geistes«, mit Wasser und Worten verspricht Gott, immer bei Dir zu sein. Und nichts und niemand kann Dich von ihm trennen. Menschen können Dich verletzen und enttäuschen – Gott wird es nie tun. Es könnte sogar passieren, dass Du Dir selbst untreu wirst. Aber auch dann wirst Du nie verloren gehen, weil Gottes Ja zu Dir bestehen bleibt, durch alle Höhen und Tiefen Deines

Lebens hindurch. Keine Macht der Welt kann Dich mehr von Gott trennen. Mit dem heutigen Tag gehörst Du zu ihm.

Warum ist Gott so stark, dass nichts und niemand Dich von ihm trennen kann? Seine Macht ist die Macht der Liebe. Gott liebt Dich, Barbara. Dich, so wie Du bist. Er liebt Deine Begabungen und Dein Wesen. So wie Du bist, hat er Dich gewollt. Und Gott wartet darauf, dass Du das merkst und auch zu ihm gehören willst.

Manchmal spürt man Gottes Liebe ganz deutlich, das sind dann ganz besondere Momente im Leben. Manchmal zweifelt man auch daran. Wenn Du zweifelst, kannst Du Dich an Deinen Taufspruch erinnern und sicher sein: Auch durch Deine Zweifel lässt Gott sich nicht von Dir trennen.

Deine Pfarrerin

Röm 8,38-39 | Zu Christus gehören

Lieber Xavier,

Du bist heute in der evangelischen Kirche getauft worden. Ich habe Dir Wasser über den Kopf gegossen und gesagt, dass Du auf den Namen des Vaters und des Sohnes und des Heiligen Geistes getauft wirst. Dabei ist mehr geschehen, als man mit bloßen Augen sehen kann, mehr als nasse Haare und Worte, die geheimnisvoll klingen. Durch Deine Taufe gehörst Du ganz fest zu Jesus Christus, so fest, wie Auge und Ohren und Hände und Füße zum Körper gehören. Für Jesus bedeutest Du so viel, wie Dir Deine Augen und Deine Hände, Deine Füße und Ohren bedeuten. Wer käme schon auf die Idee, sich ein Auge auszureißen oder auf seine Hände zu verzichten? Eben! Deshalb kann Dich niemand und nichts auf der Welt mehr von dieser Liebe Gottes trennen. Das ist eine wunderbare Sache! Denn selbst mit den Menschen, die Du lieb hast, wirst Du nicht Dein ganzes Leben zusammen sein. Du wirst erwachsen werden und aus Deinem Elternhaus in eine eigene Wohnung ziehen. Du wirst eigene Wege gehen, eine Berufsausbildung beginnen, vielleicht eine eigene Familie gründen.

Gott wird immer bei Dir sein und Dich mit seiner Liebe begleiten. Du wirst liebe Menschen kennenlernen und von anderen enttäuscht werden. Doch nichts wird Dich trennen von Gottes Liebe, die in Christus Jesus ist. Du wirst vieles erreichen und manchmal merken, dass Du einen falschen Weg gegangen bist. Doch auch die Fehler, die Du im Leben machst, werden Dich nicht von ihm trennen können.

Was auch immer Du tust, wohin auch immer Deine Lebenswege Dich führen werden, auf Gott kannst Du Dich verlassen. Daran will Dich auch Dein Taufspruch erinnern. Er stammt vom Apostel Paulus, und der hat gesagt:

Denn ich bin gewiss, dass weder Tod noch Leben,
weder Engel noch Mächte noch Gewalten,
weder Gegenwärtiges noch Zukünftiges,
weder Hohes noch Tiefes noch irgendeine
andere Kreatur uns scheiden kann von der
Liebe Gottes, die in Christus Jesus ist,
unserem Herrn.

Römer 8,38–39

Du kannst mutig und fröhlich Deinen Weg gehen, Xavier, durchaus auch einmal etwas ungewöhnliche Pfade einschlagen, wenn Du glaubst, dass es das Richtige für Dich ist. Du weißt ja, dass Gott bei Dir ist. Und niemand hat die Macht, Dich von Jesus Christus zu trennen.

Mit dem Wasser, das heute über Deinen Kopf geflossen ist, hat Gott Dir dieses Versprechen gegeben. Er wird dieses Versprechen nie zurücknehmen. Es gilt für Dein ganzes Leben.

Deine Pfarrerin

5 Liturgische Bausteine

Liturgie eines Taufgottesdienstes im Sonntagsgottesdienst

Der Gottesdienst hat die übliche Eingangsliturgie mit dem Glaubensbekenntnis. Dann folgen:
- **Tauflied**, z. B. *Liebster Jesu, wir sind hier, Deinem Worte nachzuleben* (EG 206), *Ich möcht' dass einer mit mir geht* (EG 209) oder *Vergiss es nie* (EGplus 60, Das Liederbuch 144)
- **Taufbefehl**
  Jesus Christus hat gesagt: Mir ist gegeben alle Gewalt im Himmel und auf Erden. Darum gehet hin und lehret alle Völker: Taufet sie auf den Namen des Vaters und des Sohnes und des Heiligen Geistes und lehret sie halten alles, was ich euch befohlen habe. Und siehe, ich bin bei euch alle Tage bis an der Welt Ende. (Mt 28,18–20)
- **Zuspruch**
  Gott ist die Quelle des Lebens. Er stillt den Durst der Menschen nach Leben und Gerechtigkeit. Wer getauft wird, wird selbst zur Quelle. Gott ist das Licht der Welt. Wer sich von seiner Liebe entzünden lässt, der leuchtet hell im Dunkel der Welt. Gott ist der Weg des Lebens. Wer mit ihm geht, dessen Füße stellt Gott auf weiten Raum.
- **Taufbrief**
- **Frage** an Eltern, Patinnen und Paten
  Liebe Eltern, liebe Patinnen und Paten, Sie bringen Ihr Kind heute zur Taufe. Von Ihnen wird es zuerst von Jesus Chris-

tus hören. Sie werden als Erste mit ihm beten, ihm zeigen, wo das Licht des Lebens leuchtet. Sie werden ihm die Wege des Lebens weisen. Versprechen Sie, dies gewissenhaft zu tun, damit Ihr Kind den Weg zum Glauben finden, dann antworten Sie: Ja, mit Gottes Hilfe.
- **Gebet** vor dem Entzünden der Taufkerze (s. S. 139)
- Die **Taufkerze** wird entzündet. (Die Taufkerzen anderer Kinder werden als Erinnerung an deren Taufe entzündet.)
- **Taufhandlung**
- **Gebet** für den Täufling (kann von der Tauffamilie übernommen werden)
- **Persönliche Segnung** der Familie mit Handauflegung
Liebe Eltern, Gott hat Euch Euer Kind (Eure Kinder) geschenkt und es (sie) Eurer Fürsorge und Liebe anvertraut. Das ist Grund zum Loben und Danken. Gott segne Euch und bewahre Euch mit Eurem Kind (Euren Kindern) in seinem Frieden. Amen.

Liturgie eines separaten Taufgottesdienstes (mit mehreren Taufen)

- **Orgelvorspiel**
- **Begrüßung** der Familie
- **Eingangslied**, z. B. *Lobe den Herren, den mächtigen König der Ehren* (EG 317), *Morgenlicht leuchtet* (EG 455), *Dich rühmt der Morgen* (EGplus 144, Lebensweisen 7, Kommt, atmet auf 0165)
- **Votum**
Wir feiern diesen Gottesdienst im Namen des Vaters und des Sohnes und des Heiligen Geistes. Unser Gott ist die Quelle des Lebens, das Licht der Welt, der Weg, die Wahrheit und das Leben. Amen.

- **Psalm** im Wechsel
- **Taufbefehl**
  Jesus Christus hat gesagt: Mir ist gegeben alle Gewalt im Himmel und auf Erden. Darum gehet hin und lehret alle Völker: Taufet sie auf den Namen des Vaters und des Sohnes und des Heiligen Geistes und lehret sie halten alles, was ich euch befohlen habe. Und siehe, ich bin bei euch alle Tage bis an der Welt Ende. (Mt 28,18–20)
- **Taufzusage**
  Gott ist die Quelle des Lebens. Er stillt den Durst der Menschen nach Leben und Gerechtigkeit. Wer getauft wird, wird selbst zur Quelle. Gott ist das Licht der Welt. Wer sich von seiner Liebe entzünden lässt, der leuchtet hell im Dunkel der Welt. Gott ist der Weg des Lebens. Wer mit ihm geht, dessen Füße stellt Gott auf weiten Raum.
- **Schriftlesung**
- **Lied**
- **Brief** an das Taufkind/Briefe an die Taufkinder
- **Glaubensbekenntnis**
- **Frage** an Eltern, Patinnen und Paten
  Liebe Eltern, liebe Patinnen und Paten, Sie bringen Ihre Kinder heute zur Taufe. Von Ihnen werden sie zuerst von Jesus Christus hören, Sie werden als erste mit ihnen beten, ihnen zeigen, wo das Licht des Lebens leuchtet. Sie werden ihnen die Wege des Lebens weisen. Versprechen Sie, dies gewissenhaft zu tun, damit diese Kinder den Weg zum Glauben finden, dann antworten Sie: Ja, mit Gottes Hilfe.
- **Gebet** vor dem Entzünden der Taufkerzen (s. S. 139)
- **Taufkerzen** werden angezündet und auf den Altar gestellt
- **Lied,** Strophe 1
- **Taufe** mit anschließendem Gebet der Familie, Elternsegen
- **Lied,** Strophe 2
- **Taufe** mit anschließendem Gebet der Familie, Elternsegen

- **Lied,** Strophe 3
- **Taufe** mit anschließendem Gebet der Familie, Elternsegen
- **Lied,** Strophe 4
- **Taufe** mit anschließendem Gebet der Familie, Elternsegen
- **Lied,** Strophe 5
- **Fürbitten,** z. B.:
  Guter Gott,
  für das Spiel des Lebens brauchen wir Deine Hilfe,
  wir bitten um sie, heute vor allem für unsere Kinder.
  Lass sie niemals den Ränkespielen böser Menschen ausgeliefert sein, und lass sie selbst nicht zu Ränkespielern werden. Hilf ihnen, die Schätze zu entdecken, die Du in sie gelegt hast, und lass sie zu Schatzsuchern der Gaben ihrer Mitmenschen werden, auf dass ein Licht und Segen in Deine Welt komme. Bei allem Ernst des Lebens, bewahre uns doch ein wenig den spielerischen Sinn, den Mut, auch einmal ungewohnte Wege zu gehen, den Mut zum Risiko, und die Besonnenheit, wenn Besonnenheit gefordert ist. Lass uns alle – nicht bei jedem Spielzug, das wäre zu vermessen – doch oft genug, damit unser Herz für Dich nicht verhärtet wird, Deine Nähe spüren.
- **Vaterunser**
- **Segen**
- **Schlusslied,** z. B. *Bewahre uns, Gott* (EG 171), *Nun schreib ins Buch des Lebens* (EG 207) oder *Möge die Straße uns zusammenführen* (EGplus 37, Kommt, atmet auf 0114)
- **Orgelnachspiel**

Taufen im Kirchenjahr

Taufe im Advent

Gott kommt uns entgegen,
jedes Wort, das heute gesprochen wird,
will ihm die Tür unseres Herzens öffnen,
jeder Wassertropfen, der heute vergossen wird,
will ihm den Weg in unser Leben bereiten.
Gott kommt uns entgegen.
Macht die Türen weit und öffnet die Tore eures Herzens

Gebet

Gott,
wir warten auf Dich in dieser Adventszeit.
Lass uns auf Dich warten,
wie eine schwangere Frau, wie ein werdender Vater
auf ihr Kind warten:
sehnsuchtsvoll, ängstlich, fröhlich, hoffnungsvoll.
Lass das Kind, das wir heute taufen,
lebendiges Zeichen dafür sein,
dass unser Warten gesegnet ist,
weil wir auf Dich warten:
auf die lebendige Hoffnung,
auf das Ziel unserer Sehnsucht,
das Ende unserer Angst,
den Grund unserer Freude.
Amen.

Frage an Eltern, Patinnen und Paten

Liebe Eltern, Patinnen und Paten,
Sie bringen Ihr Kind heute zur Taufe. Von Ihnen wird es lernen, worauf es sich zu warten lohnt, was der Grund seiner Hoffnung und seiner Freude, das Ziel seiner Sehnsucht

ist. Sie werden als erste mit ihm beten und ihm von Gott erzählen.

Versprechen Sie, dies gewissenhaft zu tun, damit Ihr Kind den Weg zu Gott findet, dann antworten Sie: Ja, mit Gottes Hilfe.

Lieder
- O Heiland, reiß die Himmel auf (EG 7)
- Wir sagen euch an den lieben Advent (EG 17)
- Da ich noch nicht geboren war (aus: Ich steh an Deiner Krippen hier, EG 37,2)
- Ach lieber Herre Jesu Christ (EG 203)
- Maria durch ein Dornwald ging (EGplus 2, Alive 3)

Taufe an Weihnachten und in der Epiphaniaszeit

Ein Licht ist in die Welt gekommen,
ein Kind ist geboren.
Gott ist Mensch geworden,
als Hoffnung für alle Menschenkinder,
als leuchtendes Zeichen für die Welt.
Mit jedem Wassertropfen senkt Gott sich in unsere Herzen,
verbindet unsere Namen mit seinem göttlichen Namen,
verwandelt uns zu Menschen,
die leuchten sollen,
als lebendige Spiegel,
die sein ewiges Licht in die Welt strahlen lassen.

Gebet

Gott,
Du bist als Mensch geboren worden,
als kleines Kind,
hilflos, schutzbedürftig,

angewiesen auf Nähe, Wärme und Liebe.
Wir bitten Dich für das Kind, das wir heute auf Deinen Namen taufen,
dass Du seinen Lebensweg segnest,
auf dass es Menschen findet, die spüren, wenn es Hilfe braucht,
die ihm Schutz gewähren, Nähe schenken,
Wärme und Geborgenheit.
Wir bitten Dich, dass es in der Liebe der Menschen
Deine Liebe erspüren möge,
Deine Nähe und Zuwendung.
Amen.

Frage an Eltern, Patinnen und Paten

Liebe Eltern, liebe Patinnen und Paten,
Sie bringen Ihr Kind heute zur Taufe. Von Ihnen wird es lernen, was Liebe ist, Wärme und Geborgenheit – auch in einer kalten Welt. Sie werden ihm als Erste von Gottes Liebe und Zuwendung erzählen, mit ihm beten und ihm helfen, auf Gott zu vertrauen, so wie es Ihnen Vertrauen schenkt.

Versprechen Sie, dies gewissenhaft zu tun, damit Ihr Kind spüren darf, wie sehr Gott es lieb hat, dann antworten Sie: Ja, mit Gottes Hilfe.

Lieder
- Da ich noch nicht geboren war (aus: Ich steh an Deiner Krippen hier, EG 37,2)
- Nun lasst uns gehn und treten (EG 58,1.4.5.11)
- O lieber Herre Jesu Christ (EG 68)
- Du Morgenstern, Du Licht vom Licht (EG 74)
- Gott, der Du alles Leben schufst (EG 211)

Taufe in der Passionszeit und am Ende des Kirchenjahres

Was Gott einem Menschenkind
in der Taufe verspricht,
das gilt für ein ganzes Leben:
Gott begleitet es
auf den Höhen und durch die Tiefen seines Lebensweges,
an strahlenden Tagen,
aber auch in dunklen Zeiten,
auf Umwegen, durch Sackgassen
genauso wie auf geraden Straßen.
Wer auf Gottes Namen getauft ist,
ist nie verlassen,
selbst dann, wenn er sich verlassen vorkommt,
wenn Menschen ihn verlassen sollten.
Gott denkt an sein Versprechen
und bleibt ihm treu.

Gebet

Gott,
Du hast uns in der Taufe
Deine Liebe und Nähe versprochen,
Deinen Beistand auf unserem Lebensweg.
Du willst bei uns sein,
wenn wir uns freuen, wenn wir traurig sind,
durch dunkle Täler und an hellen Tagen
uns begleiten und tragen.
Wir bitten Dich,
dass dieses Kind,
das wir heute taufen,
dies in seinem Leben spürt und erfährt,
und es auf Deine Liebe und Hilfe vertrauen lernt.
Amen.

Frage an Eltern, Patinnen und Paten

Liebe Eltern, liebe Patinnen und Paten,
Sie bringen Ihr Kind heute zur Taufe. Von Ihnen wird es zuerst von Gott hören, Sie werden als Erste mit ihm beten und ihm helfen, auf seinem Lebensweg, an schönen und an dunklen Tagen, auf Gott zu vertrauen.

Versprechen Sie, dies gewissenhaft zu tun, damit Ihr Kind in seinem Leben zum Vertrauen zu Gott findet, so antworten Sie: Ja, mit Gottes Hilfe.

Lieder

- Halleluja (EG 182)
- Nun schreib ins Buch des Lebens (EG 207)
- Du hast mich, Herr, zu Dir gerufen (EG 210)
- Such, wer da will, ein ander Ziel (EG 346)

Taufe an Ostern und in der Osterzeit

Wir feiern das Leben,
den Sieg über den Tod.
Der Tod wollte uns verschlingen,
wie Wasser, das über uns zusammenschlägt.
Doch Jesus Christus ist auferstanden
und rettet uns ins Leben.

Gebet

Jesus Christus,
schon die ersten, die an Dich glaubten,
ließen sich taufen am Tag Deiner Auferstehung,
am Tag Deines Siegs über den Tod.
Wir bitten Dich für das Kind, das wir heute zur Taufe bringen:
Lass es Wege des Lebens finden,
und wenn es sich verstricken will,

wenn es gefährdet ist,
dann rette es ins Leben und
lass es behütet und geborgen sein
in Deiner Liebe.
Amen.

Frage an Eltern, Patinnen und Paten

Liebe Eltern, liebe Patinnen und Paten,
Sie bringen Ihr Kind heute zur Taufe. Sie werden als Erste mit ihm beten, ihm die Wege des Lebens zeigen. Sie werden Ihrem Kind helfen, damit aus dem, was heute mit der Taufe begonnen hat, ein lebendiger Weg des Glaubens werden kann. Versprechen Sie, das zu tun, was in Ihrer Macht liegt, damit Ihr Kind einmal selbst »Ja« zu unserem lebendigen Gott sagen kann, dann antworten Sie: Ja, mit Gottes Hilfe.

Lieder
- Wir wollen alle fröhlich sein (EG 100)
- Lob Gott getrost mit Singen (EG 243)
- Nun lasst uns Gott dem Herren (EG 320)

Taufe an Pfingsten

Das Lob unseres wunderbaren Gottes
erklingt in allen Sprachen der Welt,
in den Gesängen der Engel,
ja, auch im Frühlied der Amsel
und im Windhauch des Abends.
Wer Ohren hat, zu hören,
wessen Sinne vom Heiligen Geist geschärft sind,
der vernimmt Töne dieser Melodie,
die das Universum erfüllt.

Gebet

Du begeisterst uns, lebendiger Gott,
lässt uns die Gaben entdecken, die Du in uns gelegt hast,
und manchmal, da wachsen wir über uns hinaus,
beflügelt von Dir.
Wir bitten Dich für das Kind, das wir heute taufen werden,
um Menschen, die es lieben und beschützen,
um Menschen, die seine Talente fördern und entwickeln,
um Menschen, die sich von ihm bereichern und beglücken lassen.
Hilf diesem Kind, dass es immer wieder in seinem Leben
Deinen lebensspendenden Geist spürt,
den Du ihm heute in der Taufe geschenkt hast.
Amen.

Frage an Eltern, Patinnen und Paten

Liebe Eltern, liebe Patinnen und Paten,
Sie bringen Ihr Kind heute zur Taufe. Sie werden es als Erste lehren, die Geister zu unterscheiden. Sie werden ihm zeigen, wo der Hauch des Lebens weht, für was es sich lohnt, begeistert zu sein. Versprechen Sie, mit Ihrem Kind zu beten und ihm von Gott zu erzählen, damit es den Weg zum Glauben finden kann, dann antworten Sie: Ja, mit Gottes Hilfe.

Lieder

- O Heilger Geist, kehr bei uns ein (EG 130)
- Zieh ein zu Deinen Toren (EG 133)
- Morgenlicht leuchtet (EG 455)
- Atem des Lebens (EGplus 20)

Taufe an Trinitatis, in der Trinitatiszeit, am Erntedankfest oder Reformationsfest

Wir taufen Menschen
auf den Namen Gottes, des Schöpfers,
der unser himmlischer Vater ist,
auf den Namen Jesu Christi, des Sohnes,
der unser Menschenbruder geworden ist,
auf den Namen des Heiligen Geistes,
der uns verbindet zu einer Gemeinschaft, in der wir Gottes Wort hören und bewahren.

Gebet

Gott Vater, Sohn und Heiliger Geist,
heute bitten wir Dich für das Kind,
das von nun an Deinen Namen tragen wird.
Du hast es geschaffen,
es wachsen lassen im Bauch seiner Mutter.
Hilf uns staunen über dieses Wunder,
das Du uns anvertraut hast.
Du selbst bist Mensch geworden, ein Kind wie dieses Kind.
Lass es in seinem Leben Deine Worte entdecken, die Worte des Lebens sind.
Begeistere dieses Kind. Lass es die Gemeinschaft der Menschen entdecken, die an Dich glauben und Dir vertrauen und mit ihnen gemeinsam den Weg des Glaubens gehen.
Amen.

Frage an Eltern, Patinnen und Paten

Liebe Eltern, liebe Patinnen und Paten,
Sie wünschen sich, dass Ihr Kind heute auf den Namen des dreieinigen Gottes getauft wird. Versprechen Sie, das, was in Ihren Kräften liegt, zu tun, damit Ihr Kind die schöpferische Macht, die lebendige Hoffnung und die begeisternde Energie

Gottes kennenlernen kann, dann antworten Sie: Ja, mit Gottes Hilfe.

Lieder
- Nun jauchzt dem Herren, alle Welt (EG 288)
- Jesu, geh voran (EG 391)
- O Lebensbrünnlein tief und groß (EG 399)
- Gott des Himmels und der Erden (EG 445,5.6)

Gebet vor dem Entzünden der Taufkerze

Nach einem Gebet, gefunden in einer Kirche in Ramsau/Österreich

Gott,
dieses Licht, das heute bei der Taufe von _____
entzündet wird, erinnert uns an das Licht, das Du jedem Menschen entzündet hast in der Taufe.
Lass dieses Licht neu entflammen unsere Liebe, wegbrennen allen Egoismus, Neid und Hass, lass es erwärmen unsere Herzen.
Gott, wir lassen dieses Licht brennen als ein Stück von uns selbst, das wir Dir geben möchten. Lass es zum Segen werden für _____ , für uns alle und für die Menschen, die wir Dir anempfehlen.
Amen.

Bibelstellenregister

1. Mose 8,22	90 f.
1. Mose 28,15	18 f.
2. Mose 23,20	46 f.
4. Mose 6,24–26	92 f.
Ps 8,4–6	78 f.
Ps 18,33	48 f.
Ps 23	32 f.
Ps 23,1	94 f.
Ps 25,4–5	82 f.
Ps 27,1	20 f., 58 f., 96 f., 98 f.
Ps 49,4	100 f.
Ps 51,12	40 f.
Ps 52,10	22 f.
Ps 91,11	26 f., 38 f., 52 f., 102 f.
Ps 91,11–12	42 f., 68 f.
Ps 103,2	66 f.
Ps 139,5	36 f., 104 f.
Spr 2,10–11	84 f.
Spr 4,18	56 f.
Spr 31,8	34 f.
Jes 9,2	86 f.
Jes 60,1	74 f.
Jes 61,10	106 f.
Jes 66,13	60 f.
Jer 9,22–23	72 f., 108 f.
Hos 14,10	110 f.
Mt 5,6	112 f.
Mk 9,23	114 f.
Lk 11,9–10	116 f.
Joh 8,12	54 f., 118 f.
Joh 14,19	70 f.
Röm 8,38–39	120 f., 122 f.
1. Kor 16,14	64 f.
Eph 1,18	44 f.
Eph 2,19	30 f.
2. Tim 1,7	80 f.
1. Joh 3,18	76 f.
1. Joh 4,16	24 f., 28 f., 62 f.

Das Download-Material zu diesem Buch finden Sie unter:

www.vandenhoeck-ruprecht-verlage.com/Briefe-zur-Taufe

Code für Download-Material:

7+JzLcBC